21世纪经济管理新形态教材·工商管理系列

社会调查实践

张卫东 ◎ 编著

U0367321

清华大学出版社

北京

内 容 简 介

本书适用于高校综合性社会实践课"社会调查"的教学需求,遵循 OBE 理念,以实践育人为导向,注重学生综合素质的培养。同时,本书围绕社会调查活动的完整流程,将教学内容系统化分解为 15 个项目、47 个任务和 152 项具体工作,体现教师引导与学生主体相结合的教学理念。通过科学设计的教学模块,有效推动知识传授、能力培养和价值塑造的有机结合,助力学生在实践中实现全面发展。

本书可作为各类高校社会调查综合实践课的教学用书,也可作为学生社会实践活动的指导用书。

图书在版编目(CIP)数据

社会调查实践 / 张卫东编著. -- 北京 :清华大学出版社,2025.4.
(21 世纪经济管理新形态教材). --ISBN 978-7-302-68576-0
Ⅰ. C915
中国国家版本馆 CIP 数据核字第 2025UD9244 号

责任编辑:付潭蛟
封面设计:汉风唐韵
责任校对:宋玉莲
责任印制:刘 菲
出版发行:清华大学出版社
　　　　网　　　址:https://www.tup.com.cn,https://www.wqxuetang.com
　　　　地　　　址:北京清华大学学研大厦 A 座　　　　　邮　　编:100084
　　　　社 总 机:010-83470000　　　　　　　　　　　　邮　　购:010-62786544
　　　　投稿与读者服务:010-62776969,c-service@tup.tsinghua.edu.cn
　　　　质 量 反 馈:010-62772015,zhiliang@tup.tsinghua.edu.cn
　　　　课 件 下 载:https://www.tup.com.cn,010-83470332
印 装 者:三河市天利华印刷装订有限公司
经　　销:全国新华书店
开　　本:185mm×260mm　　　　　印　张:14.75　　　字　数:338 千字
版　　次:2025 年 4 月第 1 版　　　　　印　次:2025 年 4 月第 1 次印刷
定　　价:49.00 元

产品编号:104735-01

前　言

社会调查是针对某一社会现象，有计划、有目的地进行资料收集整理和分析研究，进而撰写描述性报告，并提出相应对策建议的社会实践活动。社会调查是大学生认识社会、感知社会、理解社会、关心社会、服务社会的重要途径之一，也是必要的教学环节。习近平总书记指出："调查研究是谋事之基、成事之道。没有调查，就没有发言权，更没有决策权。"2022年，教育部、中央宣传部等部门印发《全面推进"大思政课"建设的工作方案》，该方案要求："大思政课"建设坚持开门办思政课……突出实践导向，充分调动全社会力量和资源，建设"大课堂"、搭建"大平台"、建好"大师资"……推动思政小课堂与社会大课堂相结合，推动各类课程与思政课同向同行……社会调查实践活动无疑是大思政课程体系的重要内容和有益载体。

高校人才培养必须与经济社会发展需求高度契合，组织学生开展"社会调查"实践，是提升实践育人质量、打造"大思政"课程体系以培养时代新人的关键。为此，应用型本科院校加强"社会调查"课程化建设，提升"社会调查"实践育人功效，是当前培养新时代大学生需要重点关注和切实解决的重要问题。

"社会调查"课程化建设是指将原本属于第三课堂的社会调查实践活动，按照第一课堂课程建设的标准和要求，纳入人才培养方案，综合师资团队、教学大纲、教材建设、授课计划、编撰教案、教学指导、课程考核等环节与内容，进行系统性、规范性的课程建设。在思政教育贯穿教育教学全过程、全面推进大学生素质教育的新时代要求下，社会调查实践"课程化"必将成为应用型高校课程综合改革的重点。

为适应"大思政"课程体系建设的需要，加强实践育人的要求，一些应用型高校开始探索社会调查实践的课程化建设，逐步实现由第三课堂转入第一课堂，由少数积极分子参加转变为全部学生参加，由学生自愿选择转变为必修课程，由随机性社团活动转变为规范化的必修"大思政"课程，这无疑是一大突破和进步。但是，这些高校社会调查实践课存在不同程度的问题，比如调查过程形式化、调查选题随意化、调查内容碎片化、调查方式随机化、成绩评定主观化等，此外，教学过程存在不规范的情况，比如缺乏相对成熟的教学大纲、教学设计、考核方案等相应资源。就专门针对社会调查实践的教材而言，国内尚属空白。

为适应加强"实践育人"和"三全育人"的要求，2015年，太原学院管理系已将社会调查纳入人才培养方案，开始课程化建设的探索，实施了一系列探索研究与改革实践。该课程目前已成为各专业必修的一门综合性社会实践课，包括60课时，共计2个学分，一般在第四学期开设。

本教材是太原学院管理系多年课程化建设的成果之一，以实践育人为导向，遵循思政育人逻辑，注重在教学设计中融入思政元素，根据毕业要求和人才培养目标，按照社会调查活动流程，分解人才培养目标中的知识点、能力点和素养点，形成图谱。本教材将教学内容分解为 15 个项目、47 个任务、152 项工作。社会调查选题实施"3＋1 组合式"选题方案，即 1 项地方经济中心任务选题、1 项地方文化特色选题、1 项大学生创新创业选题，加 1 项专业性社会问题选题。

　　本教材系山西省一流课程"社会调查"配套教材，遵循 OBE 理念，坚持立德树人，较好地体现了以教师为引领，以学生为中心，在保障上有突破，在方法上有创新，在效果上有进步，在课程化建设上有成效，有效推进了实践育人知识传授、价值塑造和能力培养的有机融合，也促进了学生全面发展。本教材可作为各类高校社会调查综合实践课教学用书或学生社会实践活动指导用书。

　　本教材为太原学院 2023 年校级规划立项教材，由太原学院社会调查课程建设团队编写。具体分工为：项目二由霍海涛讲师编写，项目四、七、八由王霞副教授编写，项目十、十一、十二由王雨晗讲师编写，项目十三、十五由青年教师邢力元编写，项目十四由青年教师雷丹玉编写，太原学院管理系主任张卫东教授负责全书统稿，并负责编写其余项目。

编　者

2024 年 12 月

目　录

认识社会调查

没有调查，没有发言权。

——毛泽东

任务描述

◆ 通过对社会调查概念的学习，认识到社会调查的意义，初步理解如何做一项完整的社会调查研究

◆ 了解并区分不同类型的社会调查，理解它们各自的适用场景和优缺点

◆ 熟悉社会调查的基本步骤，包括选题与准备、调查实施、数据整理与分析以及总结与应用

◆ 掌握常用的社会调查方法，理解它们各自的特点和使用注意事项

◆ 通过认识社会调查，培养学生对社会现象的好奇心和探究能力

情景导入

随着全球人口老龄化的加剧，老年人的消费需求和消费行为已经成为一个重要的研究领域。了解老年人的消费现状和需求，对于满足老年人的生活需求、提高老年人的生活质量，具有十分重要的意义。以"××市 60 岁以上老年人消费现状与需求调查"为例开展社会调查，需要思考的问题如下：

问题一：60 岁以上老年人在消费观念、消费行为等方面有哪些特点？

问题二：针对老年人的消费需求，有哪些潜在的市场机会？

问题三：如果要进行一次关于××市 60 岁以上老年人消费现状与需求的调查，需要关注哪些方面？

通过对以上问题进行思考，充分说明研究老年人消费市场具有重要意义。对这些问题的探究需要社会调查的理论知识和实践技巧。

任务一　社会调查的概念与任务

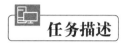

任务描述

　　认识社会问题，了解社会现象，提出建议或者直接做出决策，都需要掌握足够全面且真实客观的信息资料，这些信息资料主要来自两方面，一是相关文献的二手资料，二是社会实践。"读万卷书"说的是文献查阅，"行万里路"显然指社会调查。同时，对于正确深入认识社会问题来说，"读万卷书"和"行万里路"两者相辅相成、缺一不可，不可割裂、不可或缺。宋代学者郑樵说："语言之理易推，名物之状难识。农圃之人识田野之物，而不达《诗》《书》之旨；儒生达《诗》《书》之旨，而不识田野之物。五方之名本殊，万物之形不一。必广览动植，洞见幽潜，通鸟兽之情状，察草木之精神，然后参之载籍，明其品汇。"

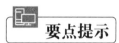

要点提示

　　社会调查是为了达到一定的目的，运用一定的方法和手段，直接向社会了解情况。社会调查是大学生参与社会实践的重要方式。当代大学生要实现自己的社会价值，就必须关心社会问题，并通过社会调查和社会实践来开阔视野、增长才干。大学生参与社会调查，毋庸置疑具有重要意义：首先，通过社会调查，了解社会现象，认识社会问题本质，形成客观认知；其次，通过社会调查，发现社会需求，做好职业生涯规划；最后，通过社会调查，研究专业性社会问题，学以致用，为专业性社会问题提供解决方案。

工作一　理解社会调查的概念

要点提示

　　"调查"主要是通过对社会现象的考察、计算来了解社会事实的一种感性认识活动，"研究"则主要是通过对考察后所了解的客观现象进行推求和思维加工的一种理性认识活动。社会调查是在一定的理论指导下，针对某一社会现象，有计划、有目的地进行资料收集整理和分析研究，进而撰写描述性报告，并提出相应对策建议的社会实践活动，如图 1-1 所示。社会调查是大学生认识社会、感知社会、理解社会、关心社会、服务社会的重要途径和必要的教学环节。

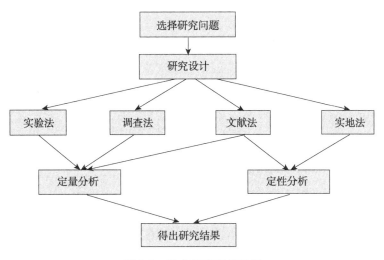

图 1-1　社会调查思维导图

✎ **实践范例**

以"××市 60 岁以上老年人消费现状与需求调查"为例，针对××市 60 岁以上老年人的消费行为、消费习惯、消费需求以及消费市场环境等方面有计划、有目的地收集、整理和研究相关资料，以揭示老年人消费现状与需求规律、特点及其与社会、经济等因素之间的相互关系。

工作二　明确社会调查的任务

✎ **要点提示**

社会调查是连接理论与实践的枢纽环节，也是对社会的现象与本质予以理解的一种方法体系，其任务主要有以下三个方面。

一、描述社会现象，发现社会问题

社会调查的过程，既是了解真实情况的过程，又是概念、判断、推理形成的过程。只有在实践基础上反复进行调查研究，认识事物的本质及其规律，认知才能更好地接近真实的社会。

社会调查的首要目的是要准确地描述社会客观现实，即说明社会现象"是什么样"的问题。社会是纷繁复杂、不断变化的，要想了解其真实情况，就必须使用科学而有效的方法去认识和描述社会现象。

社会调查可以帮助大学生了解社会现象和问题，比如人们的生存现状、消费习惯、受教育水平、就业状况和观念态度等，这些信息可以为政府、企业和社会组织做出决策和制定政策提供依据。同时，社会调查也可以为大学生研究专业问题、创新创业提供数据支持和实践范例。

二、探索问题本质，解释问题原因

任何社会问题的发生都是有原因的，社会调查不仅要回答社会现象"是怎么样"的问题，还要解释社会现象存在的问题"是什么"与"为什么"，即进一步揭示其原因、本质和内在规律。大学生只有通过社会调查研究找出现象产生的原因、本质和发展规律，才能更为深刻地认识社会现象，实现从实践到理论的升华，从而更好地指导实践。

三、研究问题对策，预测发展前景

制定政策和执行政策都离不开社会调查。社会调查研究除了对社会现象进行基础性的认识和问题分析外，还要应用专业知识针对社会问题的解决提出对策性方案，并对社会现象发展变化进行科学的预测。预测是建立在对社会现象准确描述和正确认识基础之上的，主要是指调查者运用各种预测方法，对调查对象内外相关的联系及发展趋势进行科学的估计和评价。通过对社会现象的预测分析，调查者可以设计一定的社会调控方案，或者针对目前的情况提出政策建议，供决策部门参考，从而更好地发挥社会调查的实践指导意义。

✎ 实践范例

以"××市60岁以上老年人消费现状与需求调查"为例，调查任务主要如下。

（1）收集基本数据：了解××市60岁以上老年人的基本情况，如人口数量、年龄分布、性别比例等。

（2）消费现状分析：收集老年人日常消费数据，包括消费水平、消费结构、消费偏好等，以了解老年人消费现状。

（3）消费需求分析：探讨老年人的消费需求，包括旅游、医疗、养老、教育、文化娱乐等方面的需求，以及这些需求的满足程度。

（4）老年人消费市场环境分析：调查市场竞争状况、产品和服务供给情况，以及老年人消费市场的发展趋势和特点。

（5）政策与法规调查：了解国家和地方政策对老年人消费的支持和保障措施，包括优惠政策、消费维权等方面。

（6）老年人满意度评估：通过问卷、访谈等方式，收集老年人对现有消费市场、产品和服务满意度评价，以及他们对未来消费的期望和诉求。

（7）消费需求预测：基于调查数据分析，预测老年人消费需求的发展趋势，为市场开发和政策制定提供参考。

（8）调查结果整理与分析：综合以上各方面的调查内容，撰写调查报告，提出发展老年人消费市场、优化政策环境的建议。

（9）成果与建议：将调查成果以适当形式发布，提高社会对老年人消费问题的关注，推动相关政策的制定和实施。

任务二　了解社会调查的类型

工作一　按照调查目的分类

按照社会调查的目的和功能划分，社会调查可以划分为探索性调查、描述性调查和解释性调查三类，三者比较如表 1-1 所示。

表 1-1　三种调查类型的比较

	探索性调查	描述性调查	解释性调查
对象规模	小样本	大样本	中样本
抽样方法	非随机抽样	简单随机、按比例分层	不按比例分层
研究方式	观察、无结构式访问	问卷调查、结构式访问	调查、实验等
分析方法	主观的、定性的	定量的、描述统计	相关与因果分析
主要目的	形成要领和初步印象	描述总体状况和分布特征	变量关系和理论检验
基本特征	设计简单、形式自由	内容广泛、规模很大	设计复杂、理论性强

✎ **要点提示**

一、探索性调查

在正式调查的内容与调查性质不太明确时，为了了解现象的性质、确定调查的方向与范围而进行的搜集初步资料的调查。

二、描述性调查

对社会现象的现状进行准确、全面的描述，包括现象的特点、分布、规律等，反映总体在某些特征上的分布状况的调查，关注的是社会现象"是什么""怎么样"的问题。

三、解释性调查

以一定的命题或假设为前提，运用演绎方法探讨现象之间的相关关系或因果关系的调查，解释现象的本质和规律。

✎ **实践范例**

一、探索性调查

某医疗机构针对老年人群的健康状况进行了探索性调查。调查内容包括老年人的健康状况、生活习惯、疾病预防和治疗等。通过这次调查，医疗机构了解了老年人群的健康需求，为后续医疗服务和健康干预提供了依据。

二、描述性调查

对某高校学生学习习惯进行描述性调查。调查问卷主要涵盖以下内容：基本信息（年龄、性别、专业等）、学习时间、学习方式、学习计划、学习资源利用、学习成果评估等。通过对某高校学生学习习惯的描述性调查，揭示了学生的学习时间、学习方式、学习计划、学习资源利用和学习成果评估等方面的特点。

三、解释性调查

某城市居民就医选择行为影响因素研究，采用问卷调查和访谈相结合的方法，对某城市居民就医选择行为进行深入研究。本研究通过对某城市居民就医选择行为的解释性调查，揭示了居民就医选择行为的影响因素、就医途径、就医满意度和健康意识等方面的特点。

工作二　按照调查对象分类

按照调查对象来划分，社会调查可分为普查、抽样调查和个案调查三类。

✎ 要点提示

一、普查

对较大范围内的地区或部门中的每一个对象都进行调查的一种调查研究方式。其优点是：标准化程度高；结论具有很高的概括性和普遍性；可精确反映总体的特征；适用范围广泛，适用于各种领域和层次。其缺点是：内容有限，缺乏深度；工作量大，花费的时间、人力、物力多。

二、抽样调查

从对象总体中抽取部分作为样本，并通过对样本的调查和状况分析来推论总体情况的一种调查研究方式。抽样调查是一种非全面调查方法，但其目的在于取得反映总体情况的信息资料，因此在一定程度上可以起到全面调查的作用。

其优点是：抽样方法正确，可以准确认识总体的特征；调查对象的减少，可以提高调查的质量；调查内容比普查要深入；节省时间、人力、物力，提高效率；科学的样本选取方法可以避免人为因素的干扰；一般标准化程度比较高。其缺点是：是静态的和某一时点的资料；只能调查现存的、已经大量出现的现象和事物，无法调查处于萌芽状态的现象和事物；与个案调查比较，调查资料的信度比较低，可能难以发现总体中的特殊情况或异常值；排除主观因素的同时，也去掉了研究中可贵的经验；抽样调查的结果受抽样方法和样本容量等因素的影响，不同的抽样策略可能导致不同的结果。

三、个案调查

从对象总体中选取一个或几个进行深入、细致的调查，研究这一具体对象的全貌的一种调查研究方式。个案调查的对象可以是个人、群体、组织、事件或者某一类问题。

其优点是：资料有深度，便于发现问题；不需要考虑代表性。其缺点是：资料的标准化程度低，调查范围有限，调查研究结论的代表性差，人力和时间花费大，资料多为动态的、纵向的。

✎ **实践范例**

不同的调查对象所适用的调查方法不同。

一、普查

如人口普查，这是针对全国范围内人口进行的全面调查，旨在了解人口数量、结构、分布、民族、性别、年龄等方面的信息，为政策制定提供基础数据。

二、抽样调查

××市为了了解 60 岁以上老年人消费现状与需求，抽取了 100 名 60 岁以上的老年人进行调查，通过对这 100 名老年人的调查，可以推断出××市 60 岁以上老年人消费现状与需求。

三、个案调查

某研究机构对一位成功的企业家进行了个案调查，旨在了解其创业经历、经营理念和管理方法。通过深入研究这位企业家的成长背景、创业历程以及企业运营状况，研究者可以提炼出有益的经验和教训，为其他创业者提供参考。

工作三 按照研究方法分类

✎ **要点提示**

按照研究方法的性质，社会调查可以划分为定性调查和定量调查两类。

一、定性调查

在自然情境下采用多种资料收集方法对社会现象进行整体性探究，使用归纳法分析资料并形成理论，通过与研究对象互动对其行为和意义建构获得解释性理解的一种方式。

定性研究方法在社会科学领域具有广泛的应用，如社会学、心理学、教育学、管理学等。与定量研究方法相比，定性研究方法更注重研究过程的深入性和全面性，能够更好地反映研究对象的真实情况和内在体验。然而，定性研究方法也存在一定的局限性，如数据收集和分析过程的主观性较强、研究结果的推广性有限等。

二、定量调查

定量调查是以定量研究方法为主，主要关注研究对象的规模、结构、分布等方面的数量特征。

与定性研究方法相比，定量调查更注重研究结果的客观性和可验证性，能够更好地反映研究对象的规模和结构特征。然而，定量研究方法也存在一定的局限性，如数据收集和分析过程的客观性较强、研究结果的深入性有限等。因此，在实际应用中，需要根据研究目的和实际情况选择合适的研究方法。

定性调查与定量调查的比较如表 1-2 所示。

表 1-2　定性调查与定量调查的比较

比较项目	定性调查	定量调查
1. 研究目的	解释性理解，寻求复杂性，提出新问题	证实普遍情况，预测，寻求共识
2. 对知识定义	由社会文化所建构	情境无涉
3. 价值与事实	密不可分	分离
4. 研究的内容	故事，事件，过程，意义，整体探究	事实，原因，影响，凝固的事物，变量
5. 研究层面	微观	宏观
6. 研究的问题	在过程中产生	事先确定
7. 研究的设计	灵活的，演变的，比较宽泛	结构性的，事先确定的，比较具体
8. 研究手段	语言，图像，描述分析	数字，计算，统计分析
9. 研究工具	研究者本人（身份等），录音机	量表，统计软件，问卷，计算机
10. 抽样方法	目的性抽样，样本较小	随机抽样，样本较大
11. 研究的情境	自然性，整体性，具体	控制性，暂时性，抽象
12. 收集资料的方法	开放式访谈，参与观察，实物分析	封闭式问卷，统计表，实验，结构性观察
13. 资料的收集	描述性资料，实地笔记，当事人引言	量化的资料，可操作的变量，统计数据
14. 分析框架	逐步形成	事先设定，加以验证
15. 分析方法	归纳法，寻找概念和主题，贯穿全过程	演绎法，量化分析，收集资料之后
16. 研究结论	独特性，地域性	概括性，普适性
17. 结果的解释	文化主位，互为主体	文化客位，主客体对立
18. 理论假设	在研究之后产生	在研究之前产生
19. 理论来源	自下而上	自上而下
20. 理论类型	扎根理论，解释性理论，观点，看法	大理论，普遍性规范理论
21. 成文方式	以描述为主，研究者的个人反省	抽象，概括，客观
22. 作品评价	杂乱，深描，多重声音	简洁明快
23. 效度	相关关系，证伪，可信性，严谨	固定的检测方法，证实
24. 信度	不能重复	可以重复
25. 推广度	认同推广，理论推广，积累推广	可控制，可推广到抽样总体
26. 伦理问题	非常重视	不受重视
27. 研究者	反思的自我，互动的个体	客观的权威
28. 研究者所受训练	人文的，人类学的，拼接和多面手的	理论的，定量统计的
29. 研究者心态	不确定，含糊，多样性	明确
30. 研究关系	密切接触，相互影响变化，共情，信任	相对分离，研究者独立于研究对象
31. 研究阶段	演化，变化，重叠交叉	分明，事先设定

 实践范例

一、定性调查

以"××市 60 岁以上老年人消费现状与需求调查"为例，以××市 60 岁以上的老年人为研究对象，通过深入访谈、参与观察和实物收集等方法，对老年人的消费现状与

需求进行全面深入的探究。

二、定量调查

以"××市 60 岁以上老年人消费现状与需求调查"为例，通过发放问卷、收集数据和统计分析等方法，对老年人的消费现状与需求进行全面深入的探究。

工作四　按照研究内容分类

✎ **要点提示**

调查研究从内容来划分，可分为全面调查、典型调查和专题调查三类。

一、全面调查

全面调查也称"综合调查"，是对调查对象进行全面、系统的调查。例如，把一个县、镇或村作为一个调查单位，全面了解其社会、经济、人口、自然环境、社会组织、婚姻家庭、文化和宗教等状况，收集第一手资料作为分析的依据。全面调查的特点是调查对象范围广、单位多、内容比较全面，但一般需耗费大量人力、物力和时间，组织难度较大。

二、典型调查

典型调查是根据调查目的在研究对象总体中选取若干个地区、单位或家庭进行系统周密调查研究的一种非全面调查。典型调查可以弥补全面调查耗时耗力多、组织难度大、缺乏针对性和灵活性不足等缺点，也可以验证全面调查的真实性和可靠性。其特点一是调查点少；二是调查内容具体细致；三是解剖典型，由点及面，以小见大。

做好典型调查的关键在于选择好"典型"。如果调查目的是了解总体的一般情况，可选择中等水平的调查对象；如果调查目的是总结经验教训，可以选最先进的和最落后的典型；如果调查目的是研究新情况、新问题，可以选择出现这些苗头、趋势的调查对象；如果调查目的是研究事物发展的过程和规律，就要选择发展形态完整的调查对象。

"解剖麻雀"是毛泽东同志对典型调查方法的形象比喻。毛泽东同志说："调查的典型可以分为三种：一、先进的，二、中间的，三、落后的。如果能依据这种分类，每类调查两三个，即可知一般的情形了。"

三、专题调查

专题调查即围绕某一专题或某一问题进行深入、系统的调查。专题调查又分两类，一类是大专题调查，即对社会体系中的某一组成部分的调查，如经济问题普查、人口社会问题普查、文化资源调查、宗教问题调查等。小专题调查则是包含于大专题下的分支调查，如民营企业发展问题调查、农村人口状况调查、互联网问题调查等。

毛泽东同志历来重视调查研究工作，把进行社会调查作为领导工作的首要任务和决定政策的基础。《寻乌调查》是毛泽东同志在 1930 年 5 月所做的江西省赣州市寻乌县的全面调查。《寻乌调查》全文共 5 章，超过 7 万字，其中详细叙述了寻乌的水路运输、商品集散和流向，以及 20 多个行业的状况。寻乌调查使毛泽东同志加深了对中国社会的认识，对于农村包围城市革命道路思想的发展，以及开创马克思主义中国化、确立中国共产党实事求是的思想路线，都具有非常重要的意义和作用。寻乌调查后不久，毛泽东同志根据这次调查和以往进行实际调查的切身体会，写下了《反对本本主义》（原名《调查工作》）的重要著作，响亮地提出"没有调查，没有发言权"等科学论断。

任务三　学习社会调查的方法

工作一　问卷调查

要点提示

问卷调查法在现代社会研究和社会调查中得到越来越广泛的应用。问卷调查是一种收集数据的方法，通过制定详细周密的问卷，要求被调查者据此进行回答。问卷是一组与研究目标有关的问题，或者说是一份为进行调查而编制的问题表格，又称调查表。它是人们在社会调查研究活动中用来收集资料的一种常用工具。调研人员借助这一工具对社会活动过程进行准确、具体的测定，并应用社会学统计方法进行量的描述和分析，获取所需要的调查资料。

根据使用方法的不同，问卷可分为两种主要的类型：一种为"自填式问卷"，另一种为"访问式问卷"。自填式问卷一般通过网络、邮寄、分发的方式送到被调查者手中，由被调查者在无监督和干扰的情况下自行填写，然后再通过相关方式回收。访问式问卷无须发到被调查者手中，而由调查员亲自访问被调查者，按问卷提出问题，并根据被调查者的口头或文字回答来代替填写问卷，所以也称"代填问卷"。这两种类型的问卷在结构、设计程序、设计原则、问题形式与内容等方面都是相同的，只是在使用方法和具体设计上有一定差别。

根据问题形式的不同，问题设计可以分为 6 种类型：自由叙述式、多重选择式、"是"或"否"二择一式、评定量表法、确定顺序式、对偶比较式。这 6 种问题类型各有其优点和缺点，要根据研究的目的、任务和被调查者的特点选择使用，通常将几种类型并用。

问卷调查的优点是：统一性、灵活性、匿名性和量化性。量化性是问卷调查的一大优势。

实践范例

习近平同志十分重视采用问卷调查的方式来做调查研究。20 世纪 80 年代，习近平同志在河北正定工作时发现一些地方在汇报工作时存在"报喜不报忧"的现象。如何听到更多群众的呼声？如何更好接受群众监督、了解真实民意？很快，他想出了新办法："搞问卷调查！"1984年10月上旬，5600份民意调查表印制出来，正定县历史上的第一次问卷调查正式启动。除了向各乡各单位发放这些调查表外，习近平同志还带着工作人员在街边摆桌子，有赶集的老百姓经过，就主动递上问卷。调查表收集上来后，县委和县政府组织专门班子进行分类归纳和综合分析，写出了专题报告。在广泛征求群众意见的基础上，正定县委初步制订出全县1985年工作计划和要抓紧办的十件大事。

工作二　访谈调查

✎ **要点提示**

访谈法是社会调查最基本的方法之一，通常是指调查者通过直接访问被调查对象而收集资料的方法。访谈调查不同于日常人们的交谈，访谈是调查者有目的、有计划、有程序地向被调查者提问，希望被调查者提供调查所需要了解的信息资料。访谈调查可以分为座谈调查、走访调查、集体访谈、个别访谈四种。

一、座谈调查

一种深入了解特定群体或行业领域的调查方法。通过组织座谈会、访谈等形式，与受访者面对面交流，收集有关信息、观点和意见。座谈调查适用于需要深入了解个体心理、行为或需求的情况。

二、走访调查

通过调查员亲自走访受访者，面对面地进行交流并收集信息。走访调查适用于需要深入了解个体心理、行为或需求的情况，尤其适用于研究领域和市场调查。

三、集体访谈

通过集体座谈的方式了解有关情况和存在的问题。其优点在于：访谈对象之间能就访谈内容相互启发、相互补充、相互修正，访谈员集思广益，能在较短时间内获取大量的信息。集体访谈的缺点是：有些访谈对象不愿在人数较多的会上公开反映某些敏感问题和本单位、本部门存在的问题。

四、个别访谈

指一对一的访谈调研。具有保密性强、访谈形式灵活等优点，因此，个别访谈较易取得访谈对象的配合，访谈成功率高，调查结果较准确，能收集到较为敏感和特殊的信息。民族和宗教问题是较为敏感的问题，党的十八大以来，为保证调查结果的准确性和有效性，有关部门和有关领导到民族地区了解情况，或请有关专家介绍情况，常采用个别访谈的方式。个别访谈法首先必须选好受访人，受访人必须熟悉有关情况，具有一定的文化水平。

访谈必须注重访谈技巧。一是先易后难，二是必须循循善诱，三是要多问"为什么"，四是每个问题要明确、具体、通俗，五是深度访谈必须创造轻松愉快的访谈环境。

✍ 实践范例

　　毛泽东同志对江西省兴国县永丰区做农村调查后，写下了著名的《兴国调查》。毛泽东选择的 8 位调查对象，并不是随便选来的普通农民，他们中间有账房先生钟得五、教书先生陈北平、风水先生陈侦山；屠工傅济庭、泥瓦工雷汉香、爆竹工黄大春；小商人李昌英和雇农温奉章。他们在区、乡苏维埃政府中都担任了一定的职务，在红军预备队里也是营连级干部。他们既是社会的各个阶层，更是兴国县乡村土地革命的领头人，对分田分地的情况非常熟悉。

工作三　观察调查

✍ 要点提示

　　观察调查是一种通过观察人们的行为、态度和情感来获取信息资料的调查方法。与访谈调查不同，观察调查法不需要通过提问或交流，而是通过系统地记录人、物体或事件的行为模式来收集信息。在观察调查中，调查员应见证并记录信息，或者根据以前的记录编辑整理证据。

　　"参与式观察"是最古老、最普遍的社会调查方法之一。调查者实地进入研究对象所在环境，进行全面、深入的观察和调研。一般的参与观察，调查者往往在调查地居住一段时间，通过考察和访谈，了解该地社会和文化特点，掌握该地的实际情况和问题，探讨发展的途径和方法。在参与观察法中，根据观察者身份是否公开，可以细分为公开性参与观察和隐蔽性参与观察两类。

✍ 实践范例

　　习近平总书记十分注重参与式观察。在河北正定工作期间，他跑遍全县 25 个乡镇、221 个村；在福建宁德，他到任 3 个月就走遍 9 个县；赴任浙江，他用 1 年多时间跑遍全省 90 个县市区；在上海仅 7 个月，他到过全市 19 个区县；担任总书记以来，他的足迹更是遍布大江南北。习近平总书记曾说："下去调研，要去一些困难多的地方、问题多的地方，调研不是光看好的。……看了困难多、问题多的地方，才能帮助他们解决问题，也有利于我们正确决策。去了就不要兴师动众，做到既能轻车简从，又能深入一些地方。"

工作四　电话调查

✍ 要点提示

　　电话调查是一种通过电话沟通收集信息的研究方法。在电话调查中，调查员通过与受访者进行电话交流，提问并记录回答内容。

✒ 实践范例

以"××市60岁以上老年人消费现状与需求调查"为例进行电话调查：根据调查目的和内容，设计包含封闭式和开放式问题的提纲，同时对调查员进行培训，确保调查过程能够顺利进行，然后组织调查员逐一拨打老年人的电话进行电话访问，对受访者回答的内容进行记录，确保信息准确无误，对收集到的内容进行数据处理与分析，最后总结调查发现并提出合理化建议。

工作五　二手资料调查

✒ 要点提示

二手资料调查，又称间接资料调查法，是一种通过收集、分析和利用已有的资料来获取信息的方法。与一手资料（直接收集）相比，二手资料调查具有周期短、成本较低、速度较快等优点。

✒ 实践范例

以"××市60岁以上老年人消费现状与需求调查"为例进行二手资料调查。

一、从政府机构获取资料

访问××市统计局、民政局、老龄工作委员会等政府机构的官方网站，查找与老年人消费相关的统计数据、政策文件和研究报告。

二、从行业协会获取资料

查阅养老服务业协会、老年用品行业协会等发布的行业报告、市场调查和政策建议，了解老年人消费市场的概况和发展趋势。

三、从研究机构获取资料

关注国内外老年学研究机构、市场调查公司发布的关于老年人消费的研究报告、调查数据和分析文章。

四、从新闻媒体获取资料

通过报纸、电视、广播、网络等新闻媒体，收集与老年人消费相关的新闻报道、专题文章和评论，了解社会对老年人消费的关注程度和舆论导向。

五、从学术期刊获取资料

查阅与老年人消费相关的学术论文、研究报告和案例分析，了解学术界对老年人消费的研究成果和观点。

六、从企业获取资料

联系养老服务机构、老年用品生产企业、保健品公司等相关企业，了解老年人消费市场的产品需求、市场前景和相关企业的经营状况。

通过以上方法，可以有效进行二手资料调查，并为"××市60岁以上老年人消费现状与需求调查"提供有力支持。

任务四　了解社会调查的步骤

工作一　选题立项阶段

✍ 要点提示

选择调查问题是任何一项社会调查的起点，调查问题的确定将影响整个调查活动的目标和方向，甚至在一定程度上决定着调查工作的成败和调查成果的好坏。因此，应当高度重视社会调查的选题这一程序，慎重对待这一看似简单、实则不然的工作。

选题阶段的工作主要包括两点：一是确定一个调查问题，这个调查问题可能来自现实生活，也可能来自文献阅读的灵感，调查问题要有价值（理论价值或现实价值）、有创新并且有可行性；二是将调查问题具体化、精确化。研究者提出的调查问题有时可能会比较宽泛、笼统或含糊，此时，就需要进一步明确调查选题，如明确调查问题的范围、主题、对象等。

✍ 实践范例

针对老年人消费现状与需求的调查，可以确定本次研究主题聚焦于"××市60岁以上老年人的消费现状与需求"，旨在了解这一群体的消费特点、需求偏好以及消费环境等方面的问题，为政策制定和社会服务提供参考。同时明确本次调查的对象为"××市60岁以上的老年人"，调查范围包括老年人的基本生活状况、消费行为、需求偏好以及消费环境等方面。

工作二　计划准备阶段

✍ 要点提示

准备阶段所要做的工作就是根据调查选题及其所确定的调查目标进行调查设计和工具准备。调查设计工作包括调查思路、调查策略、调查方法、具体的调查技术以及调查对象的选取等，其具体内容将在项目四进行详细介绍。工具则是指社会调查所运用的测量工具或收集信息的工具——问卷，因此，工具准备主要是指设计问卷。

在确定"××市 60 岁以上老年人的消费现状与需求"为题后，确定其研究方法，制订研究计划，组建专业的调查团队，准备调查工具和材料，如问卷、访谈提纲等。同时，在正式调查之前，进行小规模的预调查，以检验调查工具和材料的可靠性。最后，根据预调查的反馈，对研究计划、调查工具和材料进行修改和完善。

工作三　调查实施阶段

调查实施阶段也称为调查阶段或资料收集阶段。顾名思义，这个阶段的主要任务就是根据调查设计中所确定的调查思路和策略、调查的方式和方法、调查的具体技术对特定的调查对象进行资料的收集工作。这个阶段的工作在社会调查的整个环节中是最复杂也最重要的一个环节，这个阶段的工作质量对整个社会调查的成果质量有着关键的影响。同时，由于社会现象、社会生活的复杂性，这个阶段往往也是遇到问题最多的一个环节，可能会出现原先的调查研究设计不符合现状的情况。此时，需要调查者充分发挥主观能动性和灵活性，在坚持既定的总体方针原则的基础上，具体问题具体对待、灵活应对，必要时可以对调查的研究设计进行适当的修正。

以"××市 60 岁以上老年人消费现状与需求调查"为例进行调查实施，按照设计好的调查问卷或访谈提纲，通过社区、养老院等渠道向目标群体发放问卷，并对部分被调查者进行深入访谈，了解他们的消费习惯、需求及变化。在调查过程中，注意遵循伦理规范，尊重老年人，确保调查结果的真实性。

工作四　分析研究阶段

分析研究阶段主要对调查收集到的原始资料进行处理、复核、录入、统计、分析等工作。需要说明的是，根据现代社会调查的特点、方式方法及其所收集的资料的性质，对原始资料的整理、录入、分析等工作都是指对定量资料的整理和统计分析，定性资料的整理及分析工作的相关内容不在本书的讨论范围之内。

以"××市 60 岁以上老年人消费现状与需求调查"为例，将收集到的调查数据进行整理、汇总，运用统计学方法对数据进行分析，分析老年人对各类消费品和服务的需求，如医疗保健、旅游休闲、教育培训、家政服务等，挖掘潜在的市场机会，探讨老年人消费现状与需求的影响因素，如家庭收入、健康状况、子女支持、社会环境等，为政策制定提供依据。

工作五　总结报告阶段

✎ 要点提示

　　总结阶段是社会调查最后阶段的工作，其主要任务包括撰写调查报告、评估调查质量、应用调查成果。虽然这里将撰写调查报告和评估调查质量分为了两个任务，但实际上，调查报告中往往就包含着对调查质量的评估。调查报告是对整个社会调查工作的全面系统的反映，其内容不仅是数据分析结果的呈现，还包括整个调查工作的简要介绍和评价，以及调查的目的、方式方法、资料收集过程及其质量控制和分析方法、调查成果的质量评估等。在完成调查报告之后，还需要将社会调查成果通过各种渠道、各种方式应用到社会生活和社会实践中，以发挥社会调查应有的作用。

✎ 实践范例

　　以"××市 60 岁以上老年人消费现状与需求调查"为例，根据分析结果，提出针对性的政策建议和改进措施，促进老年人消费市场的健康发展。将分析结果以适当的形式呈现，如研究报告、图表、PPT 等，便于向政府部门、社会各界展示和推广。

总结与复盘

　　通过对社会调查的认识，加深对社会调查方法的理解，在实践过程中，学会与他人协作，共同解决问题，提高沟通效率。同时，在调查过程中，关注调查对象的需求和环境变化，灵活调整调查策略。

即 测 即 练

自学自测　　　扫描此码

社会调查培训与动员

调查研究是我们党的传家宝。党的十八大以来，以习近平同志为核心的党中央高度重视调查研究工作，习近平总书记强调指出，调查研究是谋事之基、成事之道，没有调查就没有发言权，没有调查就没有决策权；正确的决策离不开调查研究，正确的贯彻落实同样也离不开调查研究；调查研究是获得真知灼见的源头活水，是做好工作的基本功；要在全党大兴调查研究之风。

——中共中央办公厅《关于在全党大兴调查研究的工作方案》

◇ 任务描述

社会调查是社会调查研究的简称，是人们为达到一定目的，有意识地通过对客观存在的社会现象的考察、了解、分析和研究，进而把握现实社会情况的一种科学认识活动。

在组织开展社会调查实践前，很有必要组织一场主题鲜明、内容实用、形式生动、效果明显的培训与动员活动。培训的主要内容是社会调查的基本程序、方法、任务与注意事项，动员的主要目的是引起重视、强调纪律、激发活力。

- ◆ 深刻领会社会调查的目的与意义
- ◆ 熟悉社会调查的程序
- ◆ 明确社会调查的任务
- ◆ 知晓社会调查的纪律
- ◆ 划分社会调查小组

◇ 情景导入

社会调查实践是高等院校本科生人文社科类专业人才培养方案综合实践环节设置的一门必修课，目的是引导学生通过社会实践发现与本专业相关的社会热点问题，思考解决对策，提交调查报告。一般是在学习统计学、社会调查理论与方法及若干专业基础课后开展的一次社会实践课程。

在组织开展社会调查实践之初，首先要明白社会调查的目的和意义是什么？社会调查如何展开？社会调查的任务是什么？在社会调查中要遵守哪些规则和纪律？……对这些问题的回答会使学生对社会调查产生更具体的了解。

任务一　社会调查培训

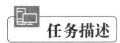

任务描述

为推动社会调查实践工作顺利进行，提高社会调查工作实效，帮助参加社会调查实践活动的成员提升工作能力，提高调查报告撰写质量，提升社会调查实践实效，在深入现场开展调查之前，启动社会调查活动的首要任务便是开展社会调查培训。

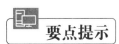

要点提示

组织社会调查培训活动需要进行周密的计划与安排，形成详细的培训方案，培训结束还要进行认真的总结，发现问题与不足，及时采取有效的措施予以补救。

工作一　组织社会调查培训

要点提示

培训计划一般应从时间、地点、参训人员、培训教师、培训内容、培训考评等方面制订较为详细的执行方案。

培训方案示例

××学院202×级××专业社会调查实践培训方案

按照202×级××专业人才培养方案与本学期教学安排，社会调查实践课程人员将于202×年×月×日—202×年×月×日赴××、××等社会调查基地开展社会调查活动。为推动社会调查实践教学工作顺利进行，提升社会调查实践课程教学效果，帮助参加社会调查实践活动的各位同学提升社会调查能力，提高调查报告撰写质量，提升社会调查实效，在进驻社会调查基地开展调查活动之前，安排社会调查能力提升培训活动，具体安排如下。

一、培训时间

本次培训从202×年×月×日开始，到202×年×月×日结束，每日培训×课时。

二、参训人员

202×级××专业人才培养方案中，本学期安排有社会调查实践课的同学全部参加。

三、培训内容

按照人才培养方案，各专业在社会调查实践课程之前，已经先期安排学习了统计学、社会调查理论与方法及其他专业基础课，因而按照社会调查实践课程教学大纲，本次培训主要结合社会调查活动的选题范围、调查基地类型，针对具体如何开展社会调查活动进行集中性培训。

本次培训的主要内容包括社会调查概述、社会调查选题及背景、社会调查程序、社会调查方法、社会调查报告、社会调查基地概况。

四、培训教师

本次培训任务主要由学院统一安排的校内外社会调查指导教师承担，校内外社会调查指导教师无法完成的内容由外聘专业教师承担。培训具体安排如表 2-1 所示。

表 2-1　培训具体安排

时间	主题	地点	主讲
×月×日×时—×时	社会调查概述	×教室	×教授
×月×日×时—×时	社会调查选题及背景	×教室	×教授
×月×日×时—×时	社会调查程序	×教室	×教授
×月×日×时—×时	社会调查方法	×教室	×教授
×月×日×时—×时	社会调查报告	×教室	×教授
×月×日×时—×时	社会调查基地概况	×教室	×经理/村长/……
×月×日×时—×时	视频素材采集剪辑创作技术	×教室	×教授

五、考核测评

培训结束后，将以知识测试的方式进行考核测评，成绩合格方可进行下一环节的现场调查活动，成绩不合格需重新学习，补考通过后方可进行现场调查。

六、组织管理

本次培训活动包括教室布置、培训主持、师生对接、照片拍摄与宣传报道、组织命题与测试，由×学院×系（教研室）负责组织安排。

工作二　实施社会调查培训

✍ 任务描述

由专职教师对参加社会调查的学生及老师进行培训，进一步夯实学生开展社会调查实践所需的理论和能力基础，明确社会调查任务与目标，告知社会调查纪律，确保社会调查实践顺利进行。

✍ 要点提示

由×学院×系（教研室）安排专职教师负责社会调查实践培训工作。培训工作主要有：
（1）专职教师负责场地布置、培训考勤、培训主持、师生对接、照片拍摄与宣传报道，并负责了解、反馈培训质量和效果。

（2）社会调查实践理论与实务培训。主要内容包括社会调查概述、社会调查选题及背景、社会调查程序、社会调查方法、社会调查报告、社会调查基地概况等。

（3）本次社会调查实践的主题介绍、工作流程介绍、各种物品的准备工作介绍。强化学生的任务意识，使学生进一步明晰社会调查实践的主要工作和主要流程，在正式调查前应该开展一些预研工作和准备工作。

（4）社会调查实践的试调查或模拟实践。社会调查实践培训完成后，需要学生就近进行一次试调查，并对试调查期间出现的问题进行讨论与总结，寻求解决问题的办法。

（5）社会调查实践的安全教育。安全教育是重中之重，除学校提供必要的保险安排外，提高学生的安全意识，才是根本之策。

（6）社会调查实践培训工作总结。除在培训中发现问题后立即解决外，还要对培训中出现的较难解决的问题进行归纳分析，或需要在人才培养体系中加以解决，或需要在下次培训中加以解决。

任务二 社会调查动员

任务描述

社会调查实践不同于其他校内教学任务，而是在校外社会生产活动现场完成的一次调查实践，情况复杂，涉及不可控因素较多。因此，为保障社会调查实践的顺利开展，以指导教师为主组织开展教学活动的同时，还需要"党政团学"各方的密切配合与协同领导。为此，在深入社会调查基地调查之前，需要通过动员会等多种形式，积极宣传，认真动员，使学生认识到社会调查的积极意义和目的任务，能够遵守纪律、注意安全、认真调查。

要点提示

特别要从社会调查的目的、意义、任务、原则、纪律、注意事项、安全警示、分组安排等方面进行集中学习与布置。

工作一 策划社会调查动员会

要点提示

一、动员会筹备与通知

动员会之前，先要熟悉本次社会调查实践的主题、基地、参加专业班级、起止时间等，初步拟定动员会的时间、地点和需要邀请到会的领导、老师、校外导师、朋辈导师名单，拟定到会领导、老师、同学发言的顺序与内容，随后与各位领导、老师、校外导师、朋辈导师对接，确定能否参会。在时间、地点、参会人员等基本确定好后，正式发出通知，通知所有参会领导、老师、校外导师、朋辈导师与各班同学。责任到人，确保通知到位。强调纪律，提示不能无故不参加会议等。

二、策划动员会议程

社会调查实践动员会议程一般安排如下环节，在具体工作中，可根据实际情况增删。

（一）主持人宣布动员会开始

主持人可由副书记、副院长、团总支书记、专业负责人、课程负责人等担任。宣布会议开始后，可用一两句话简要说明组织本次动员会的初衷与目的。

（二）主持人介绍参会领导、老师与同学

（三）××领导讲话

可以由学院院长、书记、副书记、副院长、团总支书记等领导讲话，主要强调社会调查实践活动的目的与意义、要求与纪律等。

（四）导师代表讲话

可安排一两名校内导师、校外导师讲话，一方面鼓舞士气、提振信心，另一方面互相认识、拉近距离。朋辈导师一般由往届高年级学生担任，讲话内容主要是分享自己以前参加社会调查实践的感悟体会和经验教训，现身说法，增强同学们对社会调查实践活动的重视。

（五）××老师布置工作

可以由副书记、副院长、团总支书记、专业负责人、课程负责人等具体安排社会调查实践活动方案，主要介绍具体活动方案、要求与纪律、考核测评方法等。

（六）互动交流

可安排一定的时间进行互动交流和答疑，以进一步深化认识、解答学生疑问、消除学生顾虑，了解学生意见与建议，进一步优化方案。

（七）总结发言

可以由学院院长、书记、副书记、副院长、团总支书记等领导进行总结性讲话，进一步强调社会调查实践活动的目的与意义、要求与纪律以及对社会调查活动顺利开展的祝愿和丰硕成果、出色表现的期待等。

（八）主持人宣布会议结束

✍ **动员会示例**

××学院组织开展202×年暑期社会调查与实习实践动员会

为保障暑期社会调查和实习实践顺利开展，6月8日晚，××学院于教三楼306室召开202×年暑期社会调查与实习实践动员会。学院党委副书记王×、北戴河地质认知

实习队队长陈×、马克思主义学院教师吴×、刘×及全体202×级、202×级本科生参加大会，动员会由辅导员陈×主持。

党委副书记王×做动员讲话，暑期社会调查和实习实践是培养同学们成长成才的重要环节，希望全体同学提高认识，在外出开展社会调查和实习实践过程中，第一是做到一切行动听指挥，严格遵守相关管理规定；第二是加强内部团结，树立集体意识，维护集体荣誉；第三是用理论指导实践学习的开展，做到知与行相统一；第四是要牢固树立安全防范意识，做到对自己负责，对同学负责，对集体负责，平稳顺利地完成假期实习实践。

学院教学秘书刘×老师详细介绍了202×年暑期实习实践的总体安排，包括实习地点、开展时间、相关用品、带队教师、注意事项等，帮助参加不同批次、不同类型实习的同学提前了解暑期实习的基本情况，做好相关准备。就实习过程中的安全问题，她从人身、财产、消防、饮食、交通等方面做了专门介绍，提醒同学们时刻保持警觉、遵守相关规定、妥善保管财物、安全有序地完成实习。

北戴河地质认知实习队队长陈×结合自身丰富的北戴河实习教学经验，就北戴河的地理环境、地质特征、路线安排以及实习期间丰富的学术报告和文体活动，生动地介绍了北戴河地质认知实习的内容和要求，引起了同学们浓厚的兴趣和期待。他希望202×级全体同学认真参加此次实习，严格遵守实习管理规定，充分利用这次机会拓展自己的学术视野和专业能力，也祝愿每一位同学在北戴河体验到地质人一生一次的"初恋"。

辅导员陈×结合学校统一安排，从社会调查的概念、开展意义、总体安排、推荐选题、开展方式、注意事项和社会实践的区别等多方面，向同学们做了详细介绍，就同学们可能存在的疑惑进行了解答。她鼓励同学们将社会调查和社会实践相结合，充分利用此次机会，带着真问题，去企业、乡村等一线开展调查和研究，在实践过程中不断提升自己的研究能力、综合素质和社会责任感。

为保障暑期社会调查顺利进行，学院邀请马克思主义学院吴×老师为即将开展调查的同学们做了社会调查专题讲座。吴老师就什么是社会调查、如何开展社会调查以及社会调查的方法和技巧等内容做了详细介绍。她指出社会调查工作一般分为三个阶段：前期准备、实施调查、总结成果。她提醒同学们要及时完成每一个阶段该完成的任务，在调查过程中要保持主动性和好奇心，努力从中提取有价值的观点和结论。

动员会最后，全体同学签订实习实践安全承诺书。×学院202×年暑期社会调查与实习实践动员会圆满结束。

（资料来源：未来技术学院组织开展2023年暑期社会调查与实习实践动员会. 中国地质大学未来技术学院公众号. 2023.6.12）

工作二　明确社会调查的目的与意义

✎ 任务描述

主要强调社会调查在专业知识与能力结构形成，关注社会、服务社会等方面的重要性与现实性，以及课程教学在知识传授、能力培养和价值塑造等方面的目的。

要点提示

一、社会调查的特征

（一）目的性

从社会调查的过程来看，无论是信息、数据、资料的收集，还是调查方法的选择，抑或是调查成果的体现，都是按照一定的步骤和计划进行的、为达到调查目的的、具有针对性的活动。

（二）实践性

社会调查的具体活动离不开人的实践操作。社会调查研究直接面对现实、服务现实，因而具有很强的实践性，调查研究的过程就是一个实践的过程。

（三）求实性

社会调查必须遵循实事求是、一切从实际出发的调查原则。社会调查注重客观事实，尽量避免让调查者的主观立场影响调查，调查结论必须来源于客观事实，而不是服务于某人、某个群体的意愿或利益诉求。

（四）综合性

社会调查的综合性，包含研究视角的综合性，即社会调查必须纵观全局，着眼于事物发展的整体、长远和根本，才能认清方向、把握规律；知识运用的综合性，包含经济学、社会学、心理学、统计学、逻辑学、新闻采访、计算机和写作等多领域、多学科的知识；方法运用的综合性，有问卷调查、电话调查、座谈调查、走访调查等多种方法。

二、社会调查的目的

（一）描述状况，反映成绩，发现问题

对某种社会现象进行描述，是人们深入研究该现象的基础。它关注社会现象"是什么""怎么样"的问题。客观的、综合的描述，能为我们进一步探索社会现象形成的原因打下良好的基础。

（二）反映问题，分析原因，寻求对策

描述状况所要回答的就是"是什么"的问题，社会调查要解释社会现象背后的原因，回答"为什么"的问题。只有在对社会现象的状况及特征有了清楚的了解后，才能深入发现社会现象间存在的相互关系，才能进一步解释社会现象的发展变化规律。

（三）预测趋势，展望未来，规划举措

在对某一社会现象做出描述和原因解释的基础上，社会调查还可以对社会现象进行一定的预测。例如大学生创业的问题，当我们对大学生创业的现状、特征、问题以及影响大学生创业的原因有了清晰的认识和比较深入的了解，就能依据社会各种因素或条件发展变化的趋势，对未来的大学生创业做出合理的预测。

三、社会调查的意义

（一）社会调查是正确认识和把握规律的前提

社会发展瞬息万变，如何准确把握社会生活中的真实情况和发展变化成为人们的客观需求。在认识领域，社会调查可以帮助我们发现问题、提出问题，在充分掌握资料的基础上，通过比较、归纳、演绎、推理去发现事物发展的规律，从而更好地认识世界和改造世界。

（二）社会调查是正确和客观评价事物的基本依据

社会调查是评价客观事物的基本依据，一方面是因为评价事物之前必须对事物发展的价值进行判断，只有符合价值标准或指标的事物，才有评判的价值；另一方面在进行评价活动时，需要事先了解被评价对象的具体价值，找到被调查对象的价值和指标，形成判断的依据。

（三）社会调查是科学管理和决策的前提条件

科学管理和决策须臾离不开对社会实际的调查研究。这是因为准确、全面和及时的信息是科学管理和决策的前提条件。这就要求我们通过社会调查，揭示出产生某种社会现象的客观的、复杂的因果联系，把握规律，才能做出科学的决策和有效管理。

（四）社会调查是有效改造社会的根本方法

没有社会调查，就不可能对中国社会的复杂国情有深刻的认识和理解，中国革命和建设的历史反复证明，与时俱进、求真务实、大兴调查研究之风，才能合理制定并正确贯彻执行党的路线、方针和政策，这是革命和建设的一大法宝。

工作三　明确社会调查的任务与目标

✍ 任务描述

根据社会调查的目的，进一步明确社会调查的任务与目标，并落实到具体的社会调查实践活动中。

✍ 要点提示

一、社会调查的任务

（一）认识社会现象的真实情况

由于历史时代、教育背景、认识能力等主客观条件的限制，任何人都不可能绝对准确地认识社会现象。但是，任何事物都有质的规定性和相对稳定性，人的认识能力和客观物质条件总是不断提高的。因而，在一定条件和范围内正确认识社会现象是完全可能的。

（二）研究社会现象的因果关系

社会现象的发生都是有一定动机的，产生这种动机的原因是什么？任何动机都是由特定的经济、政治、社会等客观因素共同决定的。探索隐藏在动机背后的经济、政治等原因，就有可能揭示出产生某种社会现象的客观的、复杂的因果联系。

（三）探索社会现象的本质及发展规律

社会现象总是个别的、偶然的、多样化的，人们总是希望能在大量个别的、复杂多变的同类社会现象中找到那些共同的、不断重复的、相对稳定的东西，在各种偶然事件和现象中找到那些内在的、必然的东西，进而揭示出社会现象的内在本质及发展规律。社会调查就能完成这样的任务。

（四）寻求改造现状、开拓新局面的方法

通过社会调查认识社会现象，不是为调查而调查、为认识而认识。通过研究社会现象的因果关系，探索社会现象的本质及发展规律，最终目的是改造现有不合理的状况，开拓经济社会发展的新局面，服务于国家、社会乃至全人类。

二、社会调查的目标

（一）知识目标

面向基层，深入实践，把课堂学习和社会实践结合起来，了解国情、省情、民情与行业现状，形成基本的专业认知和较深入的社会认识。

（二）能力目标

培育学生运用专业知识，发现问题、分析问题与制定解决问题方案的学术创新能力和综合管理实践能力，做到建言建到点子上、献策献到关键处。

（三）价值塑造

引导学生树立心系天下的家国情怀与关心国事的社会责任意识；培养学生实事求是、严谨务实、吃苦耐劳的工作作风；引导学生认识社会、感知社会、服务社会，养成将职业生涯规划与国家战略相结合的自觉性；引导学生正确理解社会，激发民族自信心与社会主义制度优越感，客观认识社会问题与不足，激发学生跟党走、投身社会主义建设事业的积极性。

工作四　明确社会调查的纪律与要求

✒ 任务描述

了解社会调查的纪律，并在社会调查中严格遵守，才能确保社会调查顺利进行，调查结果真实、可靠。

✒ 要点提示

一、保持客观的工作态度和积极的工作热情

调查者在社会调查的全过程中要始终以客观的态度对待研究对象以及调查获得的数

据和资料。要正视客观事实，不得将个人的主观感情和偏见带入到调查研究中，也不得因受到别人的委托或相关部门施压而从事调研活动。调查者必须保证社会调查结果的客观、真实。

二、遵守伦理道德准则和法律法规

调查者在进行调查之前，必须向受访者说明调查的目的、内容、方法和可能的风险，只有在得到受访者的同意后，才能进行相关研究。调查者不得泄露受访者的个人信息和有关资料；在调查报告中应该对受访者的个人信息进行保护，不使受访者的利益和隐私权受到损害。

调查者在进行调查研究时，必须遵循学术规范和道德标准，维护学术诚信和学术声誉。在调查报告中，应注明参考文献。

调查者不得违反相关法律法规和政策，必须确保社会调查实践全过程的合法性和合规性。

三、保证收集资料的真实性和可靠性

在进行调查研究工作时，调查者必须遵循科学的方法和标准，保证资料的真实性和可靠性。在对资料分析之前，应该对资料进行复核，确保其真实可靠。

四、注意安全风险防范和自我保护

在社会调查实践活动中，树立风险防范和自我保护等安全意识，同时要购买人身伤害保险。

五、注意树立良好的形象和精神风貌

在社会调查实践活动中，每位同学的言行举止、风采风貌、衣着打扮、观念态度、精神面貌，既事关个人形象，也关系到班级、专业、学院、学校的社会形象。

六、树立集体意识和遵守制度规定

在社会调查实践活动中，不单独行动，不自我任性，遵守考勤和作息制度，尊敬师长，认真实践，确保圆满完成任务。

任务三　社会调查安排

任务描述

在参加社会调查动员会后，指导教师要给学生进一步安排具体的社会调查工作。明确本次社会调查的主题与基地、时间与进程、考核与评价，划分社会调查小组，使学生对社会调查工作在内容、时间、考核等方面有清晰的认识，确保顺利完成社会调查工作。

要点提示

明确社会调查主题是对社会调查最基本的认识，决定了社会调查的方向和目标。明确社会调查时间与进程，提高时间利用效率。明确社会调查考核，使学生在调查伊始就能端正态度，强化团队合作意识，在调查中有针对性地开展工作。

工作一　明确社会调查主题与基地

任务描述

明确社会调查主题，选择自己熟悉的、感兴趣的领域进行调查，确保社会调查的质量。明确社会调查基地，要对调查基地有比较客观、完整的了解，对选题、社会调查计划的制订都有直接的影响。

要点提示

一、明确社会调查主题

社会调查实践是高等院校本科生人文社科类专业人才培养方案综合实践环节设置的一门必修课，目的是引导学生通过社会实践发现与本专业相关的社会热点问题，思考解决对策，提交调查报告。社会调查主题一般根据专业特点、时政要求，由系、教研室研究讨论提出。

对学生而言，社会调查的前提是明确研究方向，也就是明确社会调查主题。例如，社会调查的主题是"助力乡村振兴，巩固脱贫攻坚"。这个主题涵盖产业兴旺、生态宜居、乡风文明、治理有效、生活富裕的乡村振兴总要求，从质量兴农、绿色兴农、科技兴农、教育兴农、文化兴农、旅游兴农等方面，广泛实施教育关爱、科技支农、电商赋能、基层社会治理、生态文明建设等领域的重点项目。学生要全面理解这个主题，在理解的基础上结合专业知识、自己感兴趣的领域，进一步细化自己的研究领域，选择具体的区域、行业、单位等，根据具体的实践工作或典型案例进行调查。因此，明确社会调查主题，确保社会调查实践不脱离主题，切实达到人才培养方案的要求，是整个社会调查实践的基础性、根本性的问题。

二、明确社会调查基地

（一）联络社会调查基地

在联系社会调查基地的过程中，要谨记三个原则，即平等共赢、明确任务和可持续原则。

1. 平等共赢原则

联系社会调查基地具有双向选择的性质。校地双方平等对话，共同商议社会调查开展的细节。要朝着互利共赢的方向努力促成学校与社会调查基地的合作。要尊重调查基地的实际情况和要求，遇到困难或矛盾要主动寻求解决方案，切忌将自己的意志和想法强加于人，造成调查基地的不满。

2. 明确任务原则

联系社会调查基地时，除了明确社会调查从事地点以外，还要就社会调查活动议程、初步设想、预期目标以及需求建议等内容与社会调查基地进行详细沟通，双方共同明确此次社会调查目标和任务，在所有即将开展的社会调查任务上达成一致，形成共同努力做好各项工作的良好态势，从而保证师生到达社会调查基地后能够迅速并且顺利地开展各项活动。

3. 可持续原则

在社会调查具体工作的安排之外，也要考虑到长期合作的问题。在就各种细节进行沟通时，要做到积极倾听，换位思考，主动化解各种可能出现的矛盾，在最大限度做好社会调查活动的基础上，尽量满足对方提出的要求和期望。通过校地社会调查实践的合作，进一步巩固与对方长期合作的模式。

（二）明确社会调查基地

在确定本次社会调查的基地后，要通过各种途径了解当地的历史、人口、民族、风俗、特产、地理、气候、社会经济发展等基本情况。要将这些情况与社会调查主题很好地结合起来，以历史的、客观的视角来观察社会调查基地的社会经济发展变化，得到的认识将更加客观、真实。此外，了解当地的风土人情，尤其是当地的名人，有助于与当地人进行良好的沟通；了解当地的具体情况，也有助于避免不自觉地将自以为是的情况认为是理所当然的，从而避免犯一些低级错误，冒犯当地人。

工作二 明确社会调查时间与进程

✍ 要点提示

一、明确社会调查时间

由于学生大多是初次进行社会调查实践，理论和技能掌握较薄弱，实践经验也较匮乏，社会调查的效率和效果难以准确把握。因此，要求学生一定要有时间观念，尤其是现场调查的时间观念，要在有限的时间内，收集到充分的、有价值的各种资料和信息。

（1）明确社会调查各阶段的起始时间。

（2）根据社会调查计划和人员分工，制订更为详细的日程计划。

（3）每天结束调查工作后，以调查小组为单位进行复盘，查缺补漏，群策群力，制订第二天的日程计划。

（4）调查时间安排要留有余地，以应对突然发生的意外情况，如遭遇恶劣天气等。

二、明确社会调查主要进程

就某项社会调查课题来说，一般可分为三个阶段，即准备阶段、实施阶段和总结阶段。

（一）准备阶段

1. 准备阶段的主要任务

选择调查课题，拟订调查计划，选择社会调查基地，准备社会调查物料。

2. 准备阶段的注意事项

（1）正确选择调查课题是做好社会调查的重要前提。

（2）科学制订调查计划是保证调查取得成功的关键步骤。

（3）认真准备调查物料是顺利完成调查任务的物质保证。

准备阶段是社会调查的决策阶段，是社会调查工作的真正起点。我们必须舍得花大力气做好这个阶段的工作。

（二）实施阶段

1. 实施阶段的主要任务

按照调查计划要求，采取适当方法做好调查对象资料的收集工作。

2. 常用的调查方法

问卷调查、座谈调查、走访调查、观察调查、电话调查和二手资料调查。在运用各种方法时，要注意方法的特点、局限性和使用注意事项。如运用座谈调查法、走访调查法等方法时，要注意与受访地区或单位进行充分的协调与沟通，争取获得他们的支持与帮助，还要密切联系受访者，争取得到他们的理解和配合，不做违背他们意愿、损害他们利益或感情的事，绝不介入他们的内部矛盾。

（三）总结阶段

总结阶段的主要任务是审查、整理资料，统计分析，撰写调查报告和建议案，社会调查回访与跟踪调查。

总结阶段对收集到的原始资料进行处理、复核、录入、统计、分析等工作，是从感性认识向理性认识飞跃的阶段，社会调查能否出成果，以及成果质量的高低、社会作用的大小，在很大程度上取决于这个阶段的工作。

撰写调查报告和建议案是对整个社会调查工作的全面系统的反映，其内容不仅是数据分析结果的呈现，还包括整个调查工作的简要介绍和评价。根据实际情况，可以对社会调查回访，或继续跟踪调查。

工作三　明确社会调查考核与评价

任务描述

社会调查结束后，需要对学生的表现进行考核，鞭策学生继续努力。同时，也有必要对本次社会调查从各方面进行综合评价，有利于进一步做好社会调查工作。

✎ **要点提示**

一、明确社会调查考核

社会调查课程考核坚持过程性考核和结果性考核并重。

（一）考核内容

（1）综合表现：10%。

（2）社会调查过程评价：20%。

（3）社会调查报告：60%。

（4）成果转化：10%。

（二）考核结果

（1）社会调查结束后，×学院×系将为所有保质保量完成工作的学生颁发×学院×系社会实践证书。

（2）对在社会调查中表现突出的学生，授予"×学院×系社会调查先进个人"的荣誉称号。

（3）获得"×学院×系社会调查先进个人"荣誉称号的同学自动获得代表系参加学院相关比赛的资格。

二、明确社会调查评价

社会调查结束后，有必要对本次社会调查工作进行全面评价，寻找问题，提出对策，促进社会调查实践工作的进一步开展。评价的内容有：

（一）评价学生的实践情况

通过指导教师教研讨论，与学生召开座谈会，针对学生社会调查的态度、纪律、团队精神、适应能力、表达能力、成果以及对社会调查组织的建议等信息进行整理、评价，了解学生的得与失，形成书面意见。

（二）评价实践教学的情况

通过指导老师教研讨论，结合学生反馈的意见，就本次社会调查是否达到人才培养方案的目标、存在哪些问题、分析原因、提出解决问题的对策等方面形成书面意见。

（三）评价实践管理的情况

针对本次社会调查的组织管理进行评价，包括师生的衣食住行、安全、时间管理、与调查基地的协调沟通等方面，形成书面意见。

（四）评价社会调查基地的情况

评价社会调查基地是否满足了本次社会调查的要求，是否存在一些问题、隐患，如何解决出现的问题，是否需要取得学院的支持，或是开辟新的社会调查基地，最后形成书面意见。

（五）形成社会调查总结及整改方案

综合前面的评价情况形成本次社会调查工作的总结和整改方案，全面解决本次社会调查工作中的问题，为下次社会调查实践工作开展打好基础。

工作四　划分社会调查小组

✍ 任务描述

根据自愿组织的原则，班级学生自由组合，形成每组 7～9 人的社会调查小组。选出组长 1 人，明确组长及组员的职责和分工。

✍ 要点提示

成立社会调查小组需要注意的内容：
（1）社会调查小组可以起有个性的组名。
（2）组长及组员名单需报给指导老师。
（3）向指导老师提供完整的组长、组员职责及任务分工说明。

总结与复盘

社会调查培训需要进行周密的计划与安排，形成详细的培训方案，培训结束还要进行认真的总结。社会调查动员要求学生认识到社会调查的积极意义和目的任务，能够遵守纪律，注意安全，认真开展调查工作。通过社会调查安排使学生对社会调查工作在内容、时间、考核等方面有清晰的认知，确保顺利完成社会调查工作。该项任务完成后，各小组要完成一份团队分工职责表，并确立小组成员如何配合。

社会调查培训是关于社会调查理论知识和社会调查实践相结合的环节，在培训中对于发现的不足要及时强化，通过培训对要开展的社会调查实践做到充分的了解。

社会调查动员会包括策划社会调查动员会、明确社会调查的目的和意义、明确社会调查的任务和目标、社会调查的纪律与要求这四项工作，动员会不仅是关于社会调查开展前相关工作的说明，更是一次思想上的动员和启发。

社会调查安排包括明确社会调查主题与基地、明确社会调查时间与进程、明确社会调查考核与评价和划分社会调查小组这四项工作。该项任务完成后，各小组要完成一份团队分工职责表，并明确小组成员如何配合。

即 测 即 练

自学自测　　扫描此码

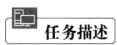

社会调查选题与报批

习近平曾用非常生动的比喻来说明调研选题的重要性：调研选题就像搞科研，选题选好了就向成功走出了一半，古时打仗之前都要到庙里烧个香，算一算，看看吉利不吉利，这是纯迷信的，但我们在调研之前也要算一算，评估一下题选得好不好，不能胡乱选。

——摘自《习近平怎么选调研对象？跟总书记学调研④》

习近平总书记指出，调查研究"要围绕中心工作，贴近实际、贴近群众、贴近决策，忙在点子上，谋在关键处"。

——摘自 2005 年 11 月 2 日在浙江省委政策研究室调研时的讲话

◆ 任务描述

- ◆ 通过发现选题、验证选题、讨论选题的过程，选择一个社会调查课题
- ◆ 向指导老师提交选题申请，并撰写选题报告
- ◆ 准备并参加选题答辩，争取选题审批通过

◆ 情景导入

拿到调查任务后，就需要进行调查选题。选题可以是学院指定选题范围或建议选题范围，各小组结合各自情况，综合考虑，自主选定调查主题；也可以是学院确定总的调查主题，然后分解成若干个分主题，由各小组在其中选择各自所承担的调查主题。什么是好的选题？如何选题？选题是社会调查的出发点，选题决定了社会调查的目标和方向，甚至在一定程度上决定着调查工作的成败和调查成果的好坏。

任务一　选择社会调查课题

任务描述

按照案头调查发现选题、实地调查验证选题、小组研讨确定选题的程序，选定一个社会调查主题，选题要符合重要性、创造性、可行性的要求。

 **要点提示**

一、选题的概念

选题就是提出问题，提出一个在理论或实践上需要考察、需要解决或需要关注其发展趋势的问题。选择调查问题是社会调查的起点，调查问题的确定将影响整个调查活动的目标和方向，甚至在一定程度上决定着调查工作的成败和调查成果的好坏。

二、选题的标准

（一）选题的重要性

选题的重要性指调查课题所具有的意义或价值，即所选择的研究课题具有的理论意义和实践意义。研究者在确定选题时，要考虑研究的价值，要使调查课题要么具有理论意义，要么具有实践意义，或者兼而有之。因此，在选题之初，研究者要自问：这个调查课题有没有用处？有多大用处？有什么用处？如果得到肯定而明确的答案，则可以认为所选的课题是一个好课题。

（二）选题的创造性

选题的创造性是指调查课题应该具有某种新的东西，具有区别于他人的独特之处。社会调查作为一种科学的认识活动，必须能够在某些方面增加新的知识，而不是在同一领域、同一范围、同一层次重复别人的研究，重提已有的结论。

（三）选题的可行性

选题的可行性是指研究者是否具备完成某一项社会调查的主客观条件。主观限制是指研究者自身条件的限制，包括研究者的知识结构、研究经验、研究水平、组织能力等，甚至包括研究者的性别、年龄、体力、语言等方面的限制。客观限制是指进行一项社会调查时所受到的外在环境或条件的限制。例如，调查经费不足、调查时间不足、相关单位不能或不愿给予必要的配合与支持、调查课题违反社会伦理道德等。

实践范例

分析以下几个选题是否符合选题标准。
（1）青少年吸毒原因和途径研究。
（2）演艺明星的消费心理研究。
（3）美国铁路系统的研究。

工作一　案头调查发现选题

要点提示

案头调查，又称为文案调查、文献调查或既存资料调查，即针对调查主题，利用已经存在的资料进行的调查活动。学术论文、学术著作、教科书以及各种期刊和报纸都可以成为寻找选题灵感的重要来源。其步骤如图3-1所示。

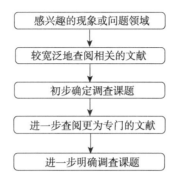

图 3-1　文献查阅与社会调查的选题之间的交互作用和过程

一、案头调查如何发现选题

（一）以审视、批判的眼光阅读文献

以这样的方法阅读，容易产生一些思考和疑问，而正是从这些思考、疑问中，往往能找到合适的调查课题。如果所阅读的一篇文章谈到，在校大学生月消费3000元已成为普遍现象，但文章中用以证明这种观点的仅仅是几个案例，这时，对这些案例进行审视和思考，并对结论打上问号，就可能产生一个与此相关的课题"关于当代大学生消费行为特点的调查"，以便验证我们从文章中看到的结论，进而揭示真实状况。

（二）以广泛联想的状态阅读文献

这种联想可以是非常发散的：形式与内容、对象与方法、时间与空间等。这样能产生新的灵感，并在此基础上形成合适的调查课题。例如，经常从新闻媒体上看到"大学生考研来应对就业问题"的报道，可以展开如下联想：考研学生数占大四学生的比例是多少？因推迟就业而考研的学生比例是多少？因学术研究而考研的学生比例是多少？考研准备的花费是多少？没考上研究生的同学是继续考研，还是先解决就业问题？与一直找工作的同学相比，考研学生是否具有优势？在诸多联想中，研究者可以确定一个合适的调查课题。

二、文献查阅的方法

（一）文献的检索

文献检索主要包括三个方面：著作、统计材料和档案材料、论文。著作、统计材料和档案材料都可以在图书馆查询，论文可以通过中国知网、维普资讯、万方数据等数据库直接检索中文文献。

（二）文献的筛选

在检索到足够的相关文献后，需要对文献进行筛选并分清主次，即决定哪些文章是必须详细阅读的、哪些文章是可以略读的、哪些文章是可以不看的。好的文献筛选工作是需要经验积累的，但也有一些可供参考的筛选标准和因素：第一，文献的相似性。一般而言，文献中所采用的理论框架，所涉及的研究内容、研究对象乃至研究变量与研究者的调查课题越相似越好，相似之处越多越好。第二，文献的发表时间。从理论上来说，后期的研究往往都是在考虑了前人研究的基础上所得出的研究成果，因此，在其他方面相似的情况下，时间越近的文献作用越大。第三，文献作者的权威性和影响力。相对而言，那些在某个研究领域有一定知名度和学术声望的研究者的研究成果可能会更重要，但也不能一概而论。

（三）文献的阅读和分析

文献阅读是一项既需要经验积累也需要时间和耐心的工作。就一项具体的社会调查而言，文献阅读的重点如下：第一，每项研究的研究背景和研究框架、研究的出发点和研究目标；第二，每项研究的具体研究方法，包括研究对象、研究方式、资料收集和处理方法等；第三，每项研究的研究成果和研究结论。为了方便后期的文献综述，在阅读文献时，应该在一些重要的地方做标记，也可以摘录。摘录时，最好注明出处和页码。

✎ 实践范例

（1）研究并确定本小组社会调查的研究主题。在实际的研究中，初学者往往会把研究主题与研究问题相混淆。研究主题是研究所涉及的某一类现象领域或问题领域，与问题相比显得更广泛，如婚姻、家庭、人际关系、社会流动等。

（2）小组讨论文献查阅的心得体会。

（3）如果确定"××市 60 岁以上老年人消费现状与需求调查"这个选题，应该怎样查阅文献？调查的问题有哪些？

工作二　实地调查验证选题

✎ 要点提示

经过案头调研，研究者对研究课题有了进一步的认识，此时，研究者必须围绕初选的调查课题进行一些初步的、探索性的实地调查和研究，以验证选题是否可行，探寻正式调查的思路和方法。

一、实地调查的目的

实地调查的主要目的，是通过小规模实地调查来检验选题的可行性，不是直接回答调查课题所要解决的问题，而是为正确解决调查课题探寻可供选择的方法和道路。案头调查是了解过去的相关文献等材料，大多是经过文献撰写者头脑加工或改造过的间接的材料，它们与客观现实之间总会有某些差异。研究者要形成新观点、提出新建议，绝不能仅仅依靠这些第二手、第三手材料，而必须深入实地做现场考察。

二、实地调查的基本任务

（一）确定调查研究的起点和重点

为了正确选择调查研究的起点和重点，必须通过实地调查弄清楚前人和他人对类似课题已做过的调查研究是否已解决了社会问题，解决了哪些问题，还有哪些问题没有被解决，特别是要着重了解当前与本课题有关的各种新情况、新变化，以及那些已成为社会热点的新问题。

（二）明确调查课题

通过实地调查，明确调查课题。明确调查课题就是对调查课题进行某种界定，给予其明确的陈述，将最初比较含混的想法变成明确而清晰的调查主题，将最初比较笼统、宽泛的研究范围和研究领域变成特定领域中的特定现象和特定问题。

为此，我们要掌握"从大处着眼，从小处着手"的方法。即研究大背景中的小问题，要求研究者通过逐步聚焦的方式选择一个明确而具体的调查课题，也就是将宽泛的问题转化为狭窄的问题，将一般性问题转化为特定的问题。例如，"大学生创业"就是一个非常宽泛的研究问题，其内涵可能不是一个具体的社会调查所能容纳的，所以，通过缩小和限制课题内容、范围的方法，将其更改为"大学生创业的主要困境""大学生创业孵化模式调查"等类似课题。"从大处着眼"保证了选题的意义和价值，"从小处着手"保证了选题的可操作性。

（三）形成调查指标、调查方法和调查工作方案

通过实地调查为形成课题研究的思路、方案和步骤提供依据。在实地调查过程中，如果发现自身不能胜任解答课题，或由于主客观条件不能完成课题，小组应及时调整研究课题。

✍ 实践范例

在校园内外，进行小规模"××市 60 岁以上老年人消费现状与需求调查"，验证选题是否可行。

工作三　小组研讨确定选题

✍ 要点提示

一、小组研讨确定选题的程序

（1）小组成员根据分工就案头调查、实地调查的基本情况分别进行汇报（可按 PPT 汇报的形式进行），运用科学概念和专业术语对调查事物和现象进行准确表述、概括总结，提出所要研究的课题，并根据选题标准阐述理由。

（2）小组组长根据汇报情况，组织组员就若干备选选题进行讨论。最后，或以一致通过的方式确定小组调查选题，或组织投票（举手）表决确定小组调查选题。

（3）如遇到争辩不决的情况，小组根据少数服从多数的原则，或咨询指导老师确定调查选题。

二、拟定选题

题目主体由调查对象与调查方向两部分构成。调查对象一般应该局限为具体的某一

组织（如果是大型组织还应该具体到某一个分公司、部门）或者街镇社区，以保证能亲自搜集到一手材料；调查方向则应该限定为某个具体问题。

在确定选题方向时需思考该问题是否能进一步分解、如何分解。例如，调查某公司的员工培训、激励、晋升等工作，可思考是调查该公司不同类型（如年龄、岗位、学历、入职时间、级别等）的全体员工还是某一特定岗位类型的员工。再如，调查某街镇的外来人口管理工作，可思考应该具体调查该街镇哪方面的外来人口管理工作，如治安、就业援助、子女教育、权益保障等。"关于杨浦区长海路街道外来务工人员子女义务教育问题的调查"这一选题，未就外来务工人员管理或者外来务工人员子女教育问题泛泛而谈，而是精细到外来务工人员子女义务教育问题这个切入点，就是一个较合理的题目。

三、选题误区

一般来说，错误选题的情形包括：

（一）未与所学专业结合

一种情况是，选题与所学专业相关性不大，如行政管理专业学生选择调查某个单位的信息管理、生产管理、物业管理、业务管理、客户服务等，基于组织结构、制度建设、公共服务等专业视角进行调查的除外；另一种情况是没有将某项具体工作作为调查切入点，而是仅仅调查某种现象或问题，如关于生活现状、失业现状等。

（二）调查视角过于宽泛

例如，没有对题目中的行政管理、社区管理、人力资源管理、人事管理、员工管理、公司管理、人才管理、队伍建设等核心概念进一步细分。

（三）调查对象范围过大

例如，涉及全国或较大地域范围（××市、××区、××街办）的普遍性问题，但调查者并不在市级、区级或街办相关单位工作，无法搜集到相关一手数据。再如，涉及全公司不同类型岗位的问题，但调查者难以对不同岗位的差异或特点进行深入的对比调查。

（四）调查对象名称不准确

未对调查对象名称进行准确核实，仅凭记忆或印象拟定，很可能出现不准确或不完整的错误。

（五）题目不通顺

初步拟定选题后如果没有字斟句酌进行优化，很可能出现用词重复、语义错误等题目不通顺的情况。

四、选题优化

选题初步确定之后，需要从学科专业视角进行优化调整，明确调查范围，突出调查主题。选题优化原则为：一是体现专业视角；二是调查范围恰当；三是语句通顺，搭配恰当；四是用词精练准确。

一般而言，社会调查选题以"关于××××的调查"表述较为清楚，在社会调查总结阶段撰写的社会调查报告题目则为《关于××××的调查报告》。

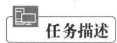

实践范例

按照小组研讨确定选题的程序，就是否以"××市 60 岁以上老年人消费现状与需求调查"为小组调查选题进行讨论。

任务二 选题申请与报告

任务描述

社会调查小组研讨初步确定选题，在经过选题自查后，小组需要进一步开展工作，就选题申请书的内容进行讨论、填写。指导老师批准选题申请后，小组在申请书的基础上完成选题报告。

要点提示

选题申请书与选题报告内容相似，设计的目的在于通过小组讨论使学生对社会调查的认识逐渐由感性认识过渡到理性思考，不断熟悉选题的相关内容，将原先陌生的社会调查实践转变为熟悉的工作内容和工作流程。

工作一 选题申请

任务描述

小组确定选题后，在提交前需要进一步自查，然后填写选题申请书，向指导老师提出选题申请。

要点提示

一、选题自查

在选题提交之前，学生应对照以下指标自查选题是否符合要求。

（一）选题涉及的单位

（1）名称是否准确？

（2）是否为自己熟悉的单位？

（3）调查范围大小是否恰当（调查总公司，还是调查分公司或某部门）？

（二）选题涉及的专业性

（1）属于专业的哪个领域？

（2）与所学专业课程的哪些原理或理论相关？

（三）选题的通顺度

（1）选题词序是否合理？

（2）选题文字是否通顺？

二、填写选题申请书

选题申请书是开展社会调查的初步构想，可以起到梳理思路、提纲挈领的作用。申请书也是指导教师评估社会调查选题价值、项目可行性及学生认真程度的主要依据和凭证。通过所提交的申请书，指导教师可以了解调查小组对调查选题的理解程度、对调查活动的筹备程度等。

（一）选题申请书的主要内容

申请书的内容一般包括两部分：团队基本情况和调查选题内容策划。

（1）团队基本情况包含：调查选题名称，调查选题类别，调查地点，指导教师的基本信息，小组负责人及成员的基本信息等。

（2）调查选题内容包含：调查选题的背景、意义和目的，可行性分析，调查选题的创新及特点；调查的预期成果和成果形式；团队安全应急预案和调查进度安排等。

（二）选题申请书的写作技巧

（1）选题的背景、意义和目的。简要介绍选题的背景和理论依据，方便指导老师了解调查选题的重要性和必要性。

（2）可行性分析。该部分是申请书中对选题进行的自评，内容应该包括小组成员处理选题的适合度、优势；选题的重要性（是否符合受教育、长本领、作贡献的原则）；可行性（具备可开展调查的主客观条件、安全措施、准备工作是否充分）。

（3）选题的创新及特点。分析选题的特点，有何研究的新意，与其他调查选题相比有何创新。

（4）选题预期成果和成果形式。该部分体现社会调查选题的水平。一般应包括社会调查目标，即究竟能发挥什么样的作用，是供有关方面决策参考，还是提高个人能力；成果形式是仅完成调查报告，还是有视频、图片、网络推介等，或是解决了实际的何种问题。

（5）团队安全应急预案。如何保证调查过程中的安全，包括交通安全、财物安全、住宿安全，还有疾病预防、突发意外等。

（6）调查进度安排。应根据调查主体、采用的方法等因素合理安排进度，但也要把握好一定的灵活度，以应对意外情况。

工作二　选题报告

✎ 任务描述

小组选题申请书批准后，根据指导教师意见，小组成员进一步梳理思路，厘清社会调查的重点和难点，开始撰写选题报告。

要点提示

一、选题报告的主要内容

（一）选题背景

介绍选题的起源和发展，说明为什么选择该选题以及研究的重要性。

（二）研究目的和意义

明确研究的目的，并阐释研究的理论意义与实践意义。

（三）相关研究综述

回顾和概述已有的研究成果，对前人的研究进行总结和评价，指出已有研究的不足之处。

（四）研究内容和方法

阐明具体的研究内容，并说明采用的研究方法和技术。

（五）研究计划和安排

详细说明研究的时间安排和进度，列出研究各个环节的具体任务和完成时间。

（六）研究已具备的条件

说明课题的组织管理、小组前期的工作及组员的专业水平，完成课题的资料、设备和研究手段等。

（七）研究的预期成果

预先探讨研究可能取得的结果，并进行具体的分析。

（八）结论

对整篇报告进行总结。

二、选题报告的写作技巧

选题报告是社会调查小组关于选题策划的一个阶段性总结，因此，在撰写时应把握好以下基本原则。

（一）思路清晰，考虑周全

选题报告中的各项内容必须逻辑清晰，按照选题报告注明的要求或者已有模板逐项填写。在撰写过程中，应尽量把可能出现的情况考虑进去。

（二）内容完整，格式规范

选题报告内容填写要详略得当、有所侧重、言简意赅。选题报告字数应压缩在2000字以内，使指导老师能够在较短时间内掌握社会调查选题的意义、内容、成果等重要信息。

（三）真实有效，按时提交

选题报告原则上一经提交，除不可抗力外，不应做出重大调整。另外，选题报告一定要按时提交，不能影响后续答辩工作。

实践范例

撰写"××市60岁以上老年人消费现状与需求调查"的选题报告。小组讨论选题报告内容，并进行分工，小组成员都要参与到选题报告的写作中来。

任务三　选题答辩与审批

任务描述

学生经过认真准备，参加选题答辩。指导老师根据答辩情况和选题报告质量，给出各小组成绩。未通过选题答辩的小组，需要调整选题或选题内容，修改选题报告。

要点提示

选题答辩是对社会调查选题环节实践质量的检查，也是对学生表达能力、团队协作的检验，是社会调查任务能否圆满完成的风向标。

工作一　选题答辩

任务描述

选题答辩工作包含答辩资格审查、答辩前的准备工作和答辩工作。工作内容较多，既是培养学生综合素质的体现，也是严把社会调查选题质量关的重要举措。

要点提示

一、选题答辩资格审查

在答辩前，指导老师根据各组准备情况，审查各组的答辩资格，确定答辩小组名单。凡属于下列情况之一者，不得参加正常答辩：

（1）未提交选题申请的小组。

（2）选题申请未获批准的小组。

（3）未提交选题报告的小组。

（4）在选题报告完成过程中，存在严重抄袭、弄虚作假或请人代写情况的小组。

（5）选题报告不符合课程要求或项目内容不全的小组。

二、选题答辩前的准备工作

（1）各小组选出答辩人。答辩人应熟悉选题报告内容，要从仪表、语言、心理状态等方面进行训练。

（2）各小组紧紧围绕选题标准的三个特性：重要性、创造性和可行性，梳理选题报告内容，明确本次社会调查的创新点，充分说明可行性，形成答辩陈词。

（3）小组内成立专业团队制作高质量的答辩 PPT。选题答辩要求在规定的时间内汇报和答辩，采用多媒体演示汇报，可以清楚明了地展示课题内容，详细具体地汇报课题重点，达到事半功倍的效果，以利于课题答辩顺利通过。

（4）思考老师可能会提出的问题，提前做好答辩准备。尽可能详尽地模拟列出老师会提出的问题，并准备应答对策。有了充分的文字准备，再做好充分的心理准备，在答辩时就会胸有成竹，应对自如。

三、选题答辩

（1）指导老师（至少 3 人组成答辩组）召开预备会议，安排答辩日程，统一答辩要求。

（2）每组答辩的总时长为 20 分钟，其中包括学生自述陈词 10 分钟、答辩 10 分钟。

（3）指导老师需事先做好准备，所提问题需要有一定的深度和广度，认真听取并详尽记录学生的回答情况。

（4）答辩过程中，如果发现选题报告有抄袭或其他严重违规之处，指导老师应取消该小组参加答辩的资格。

（5）指导老师根据答辩情况和选题报告质量，给出各小组成绩。

工作二　选题审批

✍ 要点提示

各社会调查小组答辩成绩分为合格与不合格两种，在系内公示。

通过选题答辩的小组，选题审批通过，依据答辩意见，正式开展社会调查工作；未通过选题答辩的小组，选题审批不通过，依据答辩意见，需要调整选题或选题内容，修改选题报告，根据指导老师安排，重新进行答辩。

总结与复盘

社会调查选题与报批环节的总结与复盘是事中与事后的反馈总结，也是指导教师、学生的阶段性工作总结，对下一步开展社会调查发挥着承前启后的作用。

一、实践总结

对指导教师而言，通过同行讨论、与学生访谈等方式，认真梳理在选题与报批环节中的成功做法与不足，尤其重视学生的反馈意见，反思该环节暴露出的主要问题，形成书面意见，为实践复盘奠定基础。对学生而言，通过不断总结，查找问题与不足，及时查缺补漏，明确改进方向，形成书面意见，为实践复盘奠定基础，更好地完成社会调查工作。

二、实践复盘

社会调查选题与报批工作结束后，指导教师与学生都应进行实践复盘工作，以便做好后续的社会调查工作。指导教师以教研室为单位进行，学生以调查小组为单位在指导教师的帮助下进行实践复盘。

实践复盘的基本程序包括以下六个阶段。

（一）回顾目标

针对社会调查课程制定的主要实践目标进行回顾，列出各项具体目标。

（二）评估结果

将社会调查选题与报批工作实际完成的目标进行整理、罗列，然后与课程制定的目标进行对比，检验和评估整体目标完成的实际效果。

（三）反思过程

反思社会调查选题与报批工作全过程，分析各个节点都做了哪些工作，分别产生了哪些结果和影响，同时，遇到了哪些问题，是如何解决的，哪些问题没有解决。

（四）分析原因

做得好的方面和不好的方面分别有哪些，分析原因，一一罗列出来，找出成功和失败的关键因素（主观和客观因素）。

（五）总结规律

总结本次社会调查选题与报批工作中有哪些好的做法，哪些是可以在未来的社会调查工作中继续使用的，能否优化，如何优化？哪些工作应该能做好，但是没有做好，后续工作中应该如何解决？有哪些不好的做法或教训，在后续的工作中应如何改进？

（六）制订行动计划

基于实践复盘的发现，制订具体的行动计划。确保这些计划具有可行性和可衡量性，并设定时间表和责任人。根据行动计划实施相应的改进措施，并持续跟踪进展情况。定期回顾和评估改进的效果，并做出必要的调整。

手写或打印粘贴在实践记录上。

即 测 即 练

自学自测　　扫描此码

社会调查计划与准备

调查研究是谋事之基、成事之道。没有调查，就没有发言权，更没有决策权。

——2013 年 7 月，习近平总书记在湖北武汉主持召开部分省市负责人座谈会时提出

调查研究是我们党的传家宝，是做好各项工作的基本功。

——在中央政治局民主生活会上的讲话（2017 年 12 月 25 日、26 日），
《人民日报》2017 年 12 月 27 日

做好工作方案，一是情况要摸清，搞清楚现状是什么，深入调查研究，搞好基础数据测算，善于解剖麻雀，把实际情况摸准摸透，胸中有数，有的放矢。二是目的要明确，搞清楚方向和目的是什么，把握好手段，防止就事论事甚至本末倒置。三是任务要具体，搞清楚到底要干什么，确定的任务要具体化、可操作。四是责任要落实，搞清楚谁来干，做到可督促、可检查、能问责。五是措施要有力，搞清楚怎么办，用什么政策措施来办，政策措施要符合实际、有效有用、有操作性，让地方和相关部门知道怎么干。

——习近平 2016 年 1 月 26 日在中央财经领导小组第十二次会议上的讲话

◈ 任务描述

社会调查计划是根据社会调查的目的和调查对象的性质，在实际调查之前，对调查工作的各个方面工作和各个阶段任务的通盘考虑和安排，它是整个调研项目的构架和蓝图。组织开展社会调查活动之前，首先要制订出具体且切实可行的调查计划，并做好相应的各种准备工作。具体任务有以下几个方面。

◆ 制订一份或多份切实可行的社会调查计划
◆ 评估并优选确定可执行的社会调查计划
◆ 综合考虑初步选定的社会调查主题与社会调查基地情况，结合社会调查计划，进而制定出切实可行的社会调查方案
◆ 根据社会调查方案，完成所需物料准备

◈ 情景导入

确定了社会调查主题（如"××市 60 岁以上老年人消费现状与需求调查"）后，需要进一步明确调查什么？去哪里调查？怎么调查？调查谁？什么时间开始调查？什么时间结束调查？需要多少经费？如何分组调查？需要准备些什么物料？……这些问题需要通过调查计划明确下来。

任务一　编制社会调查计划

 **任务描述**

社会调查是通过对社会现象的调查，获得了解社会事实的感性认识活动与进行推求和思维加工的理性认识活动的统一。

针对社会调查选题，以组为单位，研讨分析调查背景、调查目的、调查对象、调查项目、调查方式和方法、资料整理和分析方法、调查时间和期限安排、物料和经费预算等工作内容，然后按照调查计划书的规范格式进行整合，最终形成一份合格的社会调查计划书。

 **要点提示**

一般而言，一份调查计划应包括调查背景、调查目的和任务、调查对象和调查单位、调查项目、调查提纲和调查表、调查方式和方法、资料整理和分析的方法、调查时间和调查期限、调查物料和费用安排、调查人员安排、附录等内容。

实践范例

以选题"××市60岁以上老年人消费现状与需求调查"为例，一般而言，制订调查计划需要完成以下几项工作。

工作一　分析社会调查的意义和背景

要点提示

分析社会调查的背景，即简要分析社会调查选题的相关背景和来龙去脉。背景一般从选题的宏观环境展开，一般从政治、法律、经济、文化、人口、自然、地理、科技等方面对社会形势进行分析。需要注意的是，分析要结合最新的环境动态，并且要和选题高度相关、紧密契合，切不可出现背景和选题无关联或者关联不大的情况。背景介绍不需要过于烦琐，表述清晰即可。分析社会调查的意义，即分析调查结果可能带来的社会效益或经济效益，或者在理论研究方面的重大意义。

实践范例

"××市60岁以上老年人消费现状与需求调查"的调查背景，可以描述为：随着老龄人口规模的扩大，老年人消费市场在社会总需求中的比重逐渐增加，老年人消费在社会总消费中的份额也在日益增加，因此，全面了解目前老年人的消费现状和需求是十分有必要的，是扩大内需的一个重要方面，同时也是为了更好地服务老年人群，为其提供更适合的产品与服务。

📝 范例

才溪乡调查是毛泽东在土地革命战争时期开展的一次著名的农村调查，是中国共产党人走群众路线，深入实际、调查研究、实事求是的光辉典范。土地革命时期，为指导苏区各项建设，毛泽东分别在 1930 年 6 月、1932 年 6 月、1933 年 11 月三次深入才溪乡。特别是第三次到才溪开展社会调查，了解才溪乡的模范事迹，总结典型经验，为即将召开的第二次全国工农兵代表大会做准备。

第三次来到才溪乡时，毛泽东用了 10 多天的时间，进行了深入细致的调查研究。他开展调查研究的一个重要方法就是召开调查会，每一次开展调查工作，他事先都会列出详细的调查提纲，每次他都是亲自询问，亲自手写记录。除召开调查会外，毛泽东亲自走访才溪的各个村庄、学校，来到田间地头，虚心向群众做调查。通过走村访户、深入田间地头、与村民促膝谈心、召开座谈会等多种形式，毛泽东收集了大量的第一手资料，写下了《乡苏工作的模范（二）——才溪乡》，这篇著作于 1941 年 1 月改名为《才溪乡调查》。《才溪乡调查》全面总结了才溪乡苏维埃建设的事迹和经验，用铁的事实回答了在革命战争环境下，农村革命根据地建设是必要的、可能的这一重要问题，进一步阐明了"中国革命必须走农村包围城市道路"的伟大真理，初步形成了苏区建设中的民主建设思想。

工作二　明确社会调查的目的和任务

📝 要点提示

社会调查就是通过了解的社会现象，认识社会生活的真实情况和因果联系，揭示社会现象的本质及发展规律，寻求改造社会、建设社会的途径或方法。

明确社会调查的目的和任务，是对本次调查要达到的目的进行总结，明确通过社会调查要解决哪些问题，通过调查要获得哪些资料。调查任务是在调查目的的指引下，需要获取哪些信息才能满足要求。对本次调查需要了解的资料应进行全面的概括，不可以偏概全。

📝 实践范例

"××市 60 岁以上老年人消费现状与需求调查"的目的和任务可以描述为：了解××市老年人的消费现状；了解××市老年人的消费需求。以期发现目前老年人消费市场存在的不足，从而更好地提供符合老年人需求的产品和服务。

工作三　选定社会调查对象和单位

✎ 要点提示

选定调查对象和调查单位主要是为了解决向谁调查和由谁来具体提供资料的问题。调查对象即统计总体，是根据调查目的所确定的研究对象的全体。调查单位也就是总体单位，它是调查对象的组成要素，即调查对象所包含的具体单位。由于大部分情况采取的是抽样调查，本部分内容可以和抽样方式放在一起。

需要注意的是，不要混淆调查对象和样本，调查对象是调查的总体，样本是从总体中抽取出来进行调查的对象，但是样本不是总体，对样本的调查是为了得到总体信息。

✎ 实践范例

"××市 60 岁以上老年人消费现状与需求调查"的调查对象为：××市 60 岁以上老年人，抽样方式可以按照区域、年龄、收入等特征进行定额抽样，具体实践中可以采用滚雪球抽样和判断抽样来选择合适的样本。

工作四　分解社会调查项目和问题

✎ 要点提示

调查项目是所要调查的内容，确定调查项目是明确向被调查者了解什么，是问卷设计的前期工作，调查项目的确定取决于调查目的和任务，以及调查对象的特点与数据资料收集的可能性。

需要注意的是，调查项目和调查选题、目的保持范围一致，分不同类别进行总结归类。

✎ 实践范例

"××市 60 岁以上老年人消费现状与需求调查"项目可以分解为：

（1）了解老年人养老消费的产品类别、偏好及消费水平。

（2）了解老年人对目前养老消费产品的满意程度。

（3）了解老年人对养老消费的需求情况。

实例：公民数字信息素养社会实践调研，围绕"公民数字信息素养"主题展开实践活动。调研的主题有 3 个方向：大学生信息素养现状调查及提升策略研究；农业信息化背景下农村居民信息素养现状调查及对策研究；人口老龄化背景下老年人信息素养现状调查及对策研究。根据不同区域、地域进行调研分析。

工作五 拟定调查提纲和调查表

✍ 要点提示

调查项目确定之后，方可设计调查表或者问卷。作为社会调查收集资料的工具，调查表既可以是书面调查的记载工具，也可以作为口头询问的提纲。

在计划书中可以列出调查提纲和调查表的设计思路。调查表的问题设置及排列等问题在下一章详细说明。

需要注意的是，问卷设计要注意和调查项目高度契合，以及能够达到调研目的的要求，注重系统性和层次性。

✍ 实践范例

拟定××市 60 岁以上老年人消费现状与需求调查表如下。

一、引言

说明本次调查的背景和目的，获得被调查者的配合和支持。

二、基本信息调查

目的：获得被调查者的年龄、性别、收入、受教育程度、职业类别等信息，同时可以与其他信息进行交叉分析。

三、老年人养老消费的产品类别、偏好及消费水平

目的：了解老年人养老消费的平均月消费量、消费的主要分布、消费的品牌偏好、消费的渠道方式等信息。

四、老年人对目前养老消费产品的满意程度

目的：掌握老年人对目前养老市场供给产品的评价，对餐饮、健康、医疗等各方面的评价，从而深入了解老年人养老消费的现状。

五、老年人对养老消费的需求情况

目的：了解老年人养老消费中发现的不足，对目前养老市场提出的改进意见或者对新产品的需求情况。

整体问卷问题类型包括选择式和开放式两种。

工作六 规划调查方式和方法

✍ 要点提示

调查方式主要包括普查、重点调查、典型调查和抽样调查几种。对于学生开展社会调查，抽样调查是使用频次最高的一种调查方式。

调查方法是指获取资料和数据的方法，包括问卷调查、访谈调查、网络调查、观察法、实验法等。调查方法的选择依据调查资料收集的难易程度、调查对象的特点、数据取得的源头、样本量的大小和可能的精度、数据质量要求等进行。

需要注意的是，不同的调查方法要能够相互补充、相互验证，起到促进的作用，要注意不同调查方法的设计。

✎ 实践范例

"××市 60 岁以上老年人消费现状与需求调查"的调查方式与调查方法规划方案如下所示。

本次调查采用问卷调查和座谈调查的方式开展。

一、问卷调查

考虑到调查对象为老年人，主要采取线下问卷调查的方式开展。选择一些老年人居住较为集中的区域开展，例如老年社区、公园等。

二、座谈调查

选取不同类别的老年人进行小组座谈和深入访问，座谈调查可以获取较为深入的信息资料。

工作七　确定资料整理和分析的方法

✎ 要点提示

采用实地调查方法收集的原始数据比较零散、不系统，只能反映事物的表象，只有通过科学条理的资料整理和分析，才能把零散的资料整理成系统化、条理化的综合信息。

目前资料整理和分析大多是借助统计软件来完成的，主要包括对于数据的审核、订正、编码、分类、汇总等基础操作，也可以计算数据指标来展示反映的特征，例如平均数、中位数和标准差等。

资料分析是对调查数据深度加工的过程，其目的在于从数据导向结论，从结论导向对策。

✎ 实践范例

"××市 60 岁以上老年人消费现状与需求调查"资料整理和分析的方法如下所示。

（1）对于基本信息类题项进行分组整理，对其频数、频率进行统计图、统计表的整理。

（2）对于单选、多选类用来反映养老消费的产品类别、偏好及消费水平的题项，首先可以对其频数、频率进行统计图、统计表的整理，然后还可以与基本信息类题项进行交叉列表分析，来反映不同人口统计信息在不同题项上的分布，并可以通过卡方检验来反映是否存在明显的差异。

（3）对于测量满意度的量表类题项，首先计算每项题的均值、标准差，初步判断其满意度水平；其次可以与人口统计信息进行交叉分析，并通过 T 检验、方差分析等来检验是否存在明显的差异；最后可以开展因子分析和聚类分析等数据分析。

（4）对于开放性的题项，可以开展词云分析。

工作八　确定调查时间和调查期限

要点提示

调查时间是指调查资料的所属时间，确定调查时间是为了保证数据资料的统一性，否则，数据无法进行分类和汇总。例如：不可以把今年收集的数据和明年收集的数据简单汇总，因为时间不同，影响数据的因素可能发生了变化。对于时期数据要确定数据的起止时间，对于时点数据要规定统一的标准时点。

调查期限是指整个调查工作所需要的时间，也就是从调查策划到调查结束的这段时间。为了让调查工作有序开展，需要对调查期限内的各项工作做出安排，对于难度较大的工作内容安排较长时间，反之则安排较短时间。整个调查期限在保证信息搜集质量的前提下，应尽可能地缩短时间。

实践范例

"××市 60 岁以上老年人消费现状与需求调查"各阶段时间与任务安排如表 4-1 所示。

表 4-1　"××市 60 岁以上老年人消费现状与需求调查"各阶段时间与任务安排

序号	阶段	预计时间
1	基础调研及问卷设计	××天
2	数据收集、访谈	××天
3	数据整理	××天
4	编写调研报告	××天
合计	—	××天

工作九　社会调查物料和经费预算

要点提示

对于开展实地调查需要的物料及可能出现的费用进行安排和规划，物料和经费要尽可能地考虑全面，以免将来出现麻烦而影响调查的进度。一般需要准备的物料涉及的经费包括问卷印刷费、调查实施费、统计分析费、资料费、礼品费、专家咨询费等。

✎ **实践范例**

"××市 60 岁以上老年人消费现状与需求调查"物料和经费预算如表 4-2 所示。

表 4-2　"××市 60 岁以上老年人消费现状与需求调查"物料和经费预算

调查阶段	所需物料	费用安排
调查前的准备阶段	打印纸质问卷	××元
调查实施阶段	调查实施费、礼品费、专家咨询费等	××元
调查后的整理阶段	统计分析费	××元

工作十　社会调查人员安排

✎ **要点提示**

社会调查多数是以小组的形式开展调查，为了充分发挥每个成员的作用以及达到分工协作的目的，需要对调查人员做出安排。对于任务量较大的项目要集思广益，例如问卷设计环节；对于任务量较少的可以分工开展，例如物料的准备工作。

✎ **实践范例**

"××市 60 岁以上老年人消费现状与需求调查"人员安排如表 4-3 所示。

表 4-3　"××市 60 岁以上老年人消费现状与需求调查"人员安排

调查工作内容	人员安排
基础调研	×××同学为主要负责人，其他组员分头收集相关资料，由负责人进行汇总整合
问卷设计	集体讨论，然后根据问卷的不同模板分头设计，最后由负责人统一汇总
问卷调查	根据需要的调查样本数量，2 人为单位开展调查
访谈调查	访谈中需要的布置、准备资料、后勤等任务，每人负责一部分
数据整理	集体讨论，根据不同的模块分头整理
撰写调查报告	集体讨论，将调查报告分为不同的模块分头整理

工作十一　附录编辑

✎ **要点提示**

附录可以包含抽样的详细方案、问卷设计中的有关技术说明、数据处理方法及所使用的软件等内容。

社会调查项目有大有小，项目的重要程度也不尽相同。因此，社会调查计划书具体格式也不一样，根据项目需要撰写计划书，能够对接下来的社会调查工作起到指导作用且具有操作性即可。

实践范例

"××市 60 岁以上老年人消费现状与需求调查"附录一般有以下内容。

抽样方案示例

"××市 60 岁以上老年人消费现状与需求调查"抽样详细方案。

一、确定需要的总样本

根据××市的老年人口总数，结合允许的误差确定其总样本数，假设总样本数确定为 1000 名。

二、配额抽样

根据确定的总样本数，结合影响调研的重要特征，确定年龄、收入、所在区为三个非独立配额抽样的特征确定以下抽样表（表 4-4）。

表 4-4　抽　样　表

特征	高			中			低		
	60～70 岁	70～80 岁	80 岁以上	60～70 岁	70～80 岁	80 岁以上	60～70 岁	70～80 岁	80 岁以上
1 区	20	20	20	40	30	30	15	15	10
2 区	20	20	20	40	30	30	15	15	10
3 区	20	20	20	40	30	30	15	15	10
4 区	20	20	20	40	30	30	15	15	10
5 区	20	20	20	40	30	30	15	15	10

三、具体操作方法

在调查中为了满足配额抽样表的要求，选择样本时可以采取滚雪球的方式，例如调查到一位高收入的老年人，可以让其帮忙推荐类似的其他老年人，此外还可以采取判断抽样，也就是根据主观判断来选择符合要求的样本。

任务二　评审社会调查计划

任务描述

以组为单位，首先依据评估内容和评估方法开展自评，对计划书各项内容进行可行性评估；其次开展组间互评，对评估的社会调查计划存在的不足进行讨论并提出修改意见；最后结合自评和互评的结果完善社会调查计划。

相关负责人围绕调查选题，结合主客观实际情况，综合考虑各种影响因素，对制订好的调查计划进行评估审核，必要时与各小组负责人进行质询沟通，或者答辩讨论。最终做出同意执行、否决的决定或者提出修改完善意见和建议。

评审社会调查计划主要是围绕社会调查计划评估的任务，从社会调查计划评估的各方面内容，运用社会调查计划评估方法，评审与优选最终付诸实施的社会调查计划。

工作一　了解社会调查计划评估的任务

针对复杂的社会经济现象的变化，社会调查计划通常有多种结果，同样，一份切合实际的社会调查计划也不是一次就可以完成的。因此，对于完成的计划需要进行评估，然后不断地修改完善，可行性研究是一份科学社会调查计划的必经阶段。

工作二　熟悉社会调查计划评估的内容

社会调查计划评估一般有以下几个方面内容。

（1）社会调查计划是否体现了调查目的和要求。

（2）社会调查计划是否科学和完整。

（3）社会调查计划是否具有可操作性。

（4）社会调查计划是否可以保障调查结果质量高、效果好。

工作三　评估社会调查计划

社会调查计划评估的方法一般有以下三种。

一、逻辑分析法

逻辑分析法是从逻辑层面对社会调查计划进行把关，考察是否符合逻辑和情理。例如，对旅游业短视频营销现状进行调查，设计了大量的旅游业顾客满意度调查，但与调查目的的关联性不是很强，需要进行优化调整。

二、经验判断法

经验判断法是通过组织一些具有丰富社会调查经验的人士，对社会调查计划进行初步研究和判断，以证明计划的合理性和可行性。

三、试点调查法

试点调查法是通过在小范围内选择部分调查单位进行试点调查，对社会调查计划进行实地检验，以证明计划的可行性。试点调查法是对计划进行可行性评估的一个重要环节，可以达到以下两方面的目的：一是可以对社会调查计划书进行检验，了解计划书是否符合实际，是否具有可操作性，调查结果是否能够达到调查目的的要求等；二是可以发现计划书中的薄弱环节，通过预演，对计划中考虑不足的地方进行补充。

开展试点调查，需要注意以下几个方面的内容：

（1）调查人员需要具备相应的素质和能力，要组织一支精干有力的队伍，要注意调查成员的组织工作。

（2）选择的试点单位要具有代表性。

（3）试点开展的时机要把握准确。

（4）试点调查后的总结要做到位。

"××市 60 岁以上老年人消费现状与需求调查"计划评估如下所示。

调查团队可以先内部开展评估，依据逻辑判断法对计划书整体进行评估，接着邀请有经验的专家开展论证。例如：对 60 岁以上老年人进行调查，选择的调查方法不适合线上问卷，而应该将重点放在线下面对面开展问卷调查。评估主要依赖人的主观经验判断，受人的经验差异、社会阅历等因素的影响。

任务三　社会调查准备

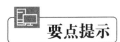

根据审核通过的调查计划，在实施社会调查之前，列出详细的物料清单，责任到人，购置、领取或制作相应物料，确保调查计划顺利实施。

要点提示

制订社会调查计划后，在实施社会调查计划之前，需要根据社会调查方案进行相应的准备工作。具体有物料准备、对接社会调查基地、试点调查等几个方面。

工作一　社会调查物料准备

社会调查物料的准备是社会调查计划中的一项内容，根据调查目的和调研要求的不同，所需物料不尽相同。为了尽可能齐全地拟定物料清单，制订社会调查计划时，可以采用头脑风暴法对实地调查可能遇到的各种情况进行假设，并列出物料情况，最后根据预算情况，按照重要程度选择后确定物料清单。

社会调查物料是指在社会调查实地调查中可能用到的所有物品，是为了达到更好的调查效果、保障社会调查资料采集准确性的辅助工具。

社会调查需要准备的物料一般有以下几种：

（1）能够帮助被调查者更好地理解调查问题、更准确地回答问题的图片、视频等辅助资料。

（2）激励被调查者配合完成调查工作的抽奖礼品、商场赠券等。

（3）便于更好地采集调查资料的调查工具，例如录音笔、摄影机等。

（4）有助于调查工作人员更好地开展工作的办公用品，例如笔记本、笔、电脑等。

工作二　对接社会调查基地

在选定契合主题又满足社会调查需求的社会调查基地后，在制订调查计划并正式开展社会调查之前，还需要开展一系列的准备工作。

一、对接关键人员，协同制订社会调查计划

在基地开展社会调查实践活动，脱离基地单位领导的支持和群众的配合，往往难以进行。同时，基地人员对基地情况更为熟悉和了解，其参与制订的社会调查计划会更切合实际。因此，在开展社会调查之前，需要与社会调查实践基地负责人、责任人进行对接沟通，商定方案。

二、选聘基地实践指导教师

在正式开始社会调查实践之前，需要双方协商安排相应的校外实践导师。

一方面有利于各小组分工协作收集有关信息，另一方面有利于校内外双导师及时跟踪指导社会调查实践活动。

工作三　试点调查

根据选题开展小范围的试点调查，对试点调查中遇到的各种问题提出相应的解决对策。

总结与复盘

完成制订社会调查计划、评估社会调查计划、社会调查准备三方面工作任务后，对各项工作的完成情况进行总结，包括各项工作中出现的问题、感受、体验、收获，对下一步工作的开展提出有益的建设性意见。

手写或打印粘贴在实践记录本上。

✎ 调研方案示例1

"××县乡村振兴"主题调查研究活动方案

一、活动目的

（1）了解××县乡村振兴政策的实施情况，掌握××县乡村振兴的基本现状，了解乡村经济的发展现状，探索乡村振兴的建设之路。

（2）提高人们对乡村振兴政策的认识，培养广大青年学生的社会实践能力，在实践探索中体验生活、感受生活、表达生活，传递正能量。

二、活动时间

计划时间为202×年×月×日至×月×日，共8天。

三、活动地点

活动地点为××市××县××镇××村。

四、活动安排（表4-5）

表4-5 活 动 安 排

日期	时间	行程
第一天	08:00—12:00	参加启动仪式并听取乡村振兴政策的宣讲和讲解
	12:00—13:00	午餐
	13:00—17:00	走访××县政府，了解县里的乡村振兴建设情况，并与县领导交流
	17:00—18:00	晚餐
	18:00—20:00	集中开展知识竞赛活动，测试讲解要点
第二天	08:00—09:00	早餐
	09:00—12:00	参观××县的村庄和农业合作社，了解该地区的农业发展情况，并深入了解村庄发展现状
	12:00—13:00	午餐
	13:00—15:00	参观××县的村庄和农业合作社，进一步了解该地区的农村发展现状
	15:00—17:00	进行小组讨论和总结，讲述个人对该地区乡村振兴的认识与看法
	17:00—18:00	晚餐
	18:00—20:00	文化交流活动，学习该地区的民俗文化
第三天	08:00—09:00	早餐
	09:00—12:00	参观××县的小龙虾养殖基地，了解当地农业产业
	12:00—13:00	午餐
	13:00—17:00	参观当地乡村和农业产业，了解当地农业发展现状
	17:00—19:00	晚餐和休息
	19:00—21:00	小组讨论和总结，讲述个人对该地区乡村振兴的认识与看法
第四天	08:00—09:00	早餐
	09:00—12:00	参观了解当地渔业和水产养殖业
	12:00—13:00	午餐
	13:00—17:00	参观当地渔业和水产养殖业，与当地水产养殖所和企业负责人进行交流，并了解当地渔业发展现状以及发展前景
	17:00—19:00	晚餐和休息
	19:00—21:00	小组讨论和总结，讲述个人对该地区乡村振兴的认识与看法
第五天	08:00—09:00	早餐
	09:00—12:00	参观当地的乡镇企业，了解当地产业发展现状
	12:00—13:00	午餐
	13:00—17:00	参观当地的工厂，了解当地工业发展情况，并与当地企业进行交流
	17:00—19:00	晚餐和休息
	19:00—21:00	小组讨论和总结，讲述个人对该地区乡村振兴的认识与看法
第六天	08:00—09:00	早餐
	09:00—12:00	进行线上课程学习，了解乡村振兴政策的相关理论知识
	12:00—13:00	午餐
	13:00—17:00	进行与现场调研相结合的设计创新或体验活动，体验当地生活和乡村旅游
	17:00—19:00	晚餐和休息
	19:00—21:00	小组讨论和总结，讲述个人对该地区乡村振兴的认识与看法
第七天	08:00—09:00	早餐
	09:00—12:00	进行志愿服务活动，在当地开展环境整治活动或植树造林等
	12:00—13:00	午餐

续表

日期	时间	行程
第七天	13:00—17:00	参观当地的学校，和当地学生进行交流和互动
	17:00—19:00	晚餐和休息
	19:00—21:00	小组讨论和总结，讲述个人对该地区乡村振兴的认识与看法
第八天	08:00—09:00	早餐
	09:00—12:00	进行总结和反思，进行社会实践成果展示和汇报
	12:00—13:00	午餐
	13:00—15:00	对活动进行终期评估，整理反馈意见
	15:00—17:00	与活动相关人员告别，回到学校，结束此次乡村振兴主题调查研究活动
备注		

五、活动要求

（1）严格遵守活动规定，服从组织安排。

（2）活动期间要文明出行，积极参加活动，不得提前离队。

（3）参加活动的人员要保持良好的形象，不得表现出不端行为。

（4）对于活动期间发生的问题，要及时向工作人员报告，协助处理和解决。

六、组织架构

活动由校团委负责组织和协调，由学校与××县政府和当地有关部门联合安排活动。

七、活动预算

本次活动预算为人民币 20 万元，其中包括交通、住宿、餐饮、保险及其他活动费用。

八、注意事项

略。

（文献来源：公众号"学习和实践"，2023 年 5 月 26 日）

✍ 调研方案示例2

"国情调查与田野劳动"暑期课程安排

【课程宗旨】

本课程旨在推动大学生在学习理论知识的同时深入开展专业实践与劳动教育。组织政治学与行政学、新闻学双学位学生，奔赴和君教育小镇，立足和君小镇和梓坑村丰富的红色文化、客家文化与农耕文化资源，引领学生进行酷暑期间早晚田间生产劳动和专业实践，并完成社会调查。以期在手脑并用、劳动与专业实践相融的身体力行中，在"行走赣南红土地"中培养学生树立正确的劳动观，养成尊重劳动、热爱劳动的品质。

【课程目标】

课程目标 1：引导学生树立正确的劳动观，崇尚劳动、尊重劳动，增强对劳动人民的感情，报效国家，奉献社会，提升学生的综合素质，促进学生的全面发展与健康成长。

课程目标 2：强调体力劳作与脑力劳动相结合，生产劳动与专业技能实操相结合，出汗与动脑相结合，用汗水浇灌学生劳动精神，用实际问题提升学生专业技能，用服务社会的快乐形塑学生的劳动品质。

课程目标3：掌握田间劳动等生产劳动和短视频创作专业实践性劳动的基本知识和技能，使学生能够正确使用劳动工具，增强体力、智力和创造力，具备完成一定劳动任务所需要的设计、操作能力及团队合作能力。

课程目标4：通过在老革命根据地之一、经济欠发达地区的赣南乡村开展专业实践，紧扣创新创业训练，通过体验式教育、情感教育等教学方法，使学生更加深刻了解世情国情党情民情，更加增进对劳动、劳动人民的感情，进而培养热爱劳动、珍惜劳动成果的品质，彰显踏踏实实开展劳动的精神风貌。

课程目标5：在教师和辅导员的指导下，通过小组合作互助培养学生的团队精神，并在旅途、劳动场所的出行安全、劳动安全、信息安全、身体安全等方面互帮互助，高质量、零事故完成规划的劳动任务。

【主要任务】

（1）掌握1项基本的田间作业技能（如播种、锄草、割稻）。

（2）掌握1项基本的巡山护林本领（如观察树木）。

（3）掌握访谈、问卷调查技能与调查报告的撰写技能，以5人一组的小组合作方式提交1份主题鲜明、内容翔实、行文规范的约5000字的调研报告。

（4）掌握视频素材采集、剪辑技术和短视频创作技术，合作提交1个短视频作品和2个微视频作品。

【活动板块】

（1）梓坑村访谈、社会调查与调查报告撰写。

（2）田间劳作、晨跑晨读、巡山护林、晚霞散步、夏夜观星、围屋放歌。

（3）主题视频素材的采集与剪辑、短/微视频的创作。

（4）成果展示与交流评价。

【调研主题】

（1）从红色基因村到美丽中国小镇样本。

（2）晨钟过后是琅琅的读书声。

（3）在留守苏区中央政府办事处构筑奔跑赛道的年轻人。

（4）商场百战归来再研修的三度书院。

（5）从竹海山谷到国际抗癌基因谷。

（6）其他自选主题。

【课程考核】

（1）对学生的综合表现进行考核。主要涉及专业实践纪律、态度、表现三个方面。其中，纪律包括制度遵守、考勤情况；态度包括工作态度、团队精神；表现包括能力、适应性、成果与绩效等多个评价指标。

（2）过程性作业内容考核。

①田间劳作、晨跑晨读、巡山护林、晚霞散步、夏夜观星、围屋放歌：40%。

②访谈调查：20%。

③社会调查报告：20%。

④短/微视频作品：20%。

（3）学习及考核要求。

①参加田间生产劳动和短视频专业劳动累计时间不少于30小时，完成指定的任务，不迟到、不早退。

②分组进行社会调查，每个小组设计1份不少于10题的访谈提纲，1份不少于30题的调查问卷，并完成5000字左右的调研报告。

③专业实践期间到邻近的梓坑村开展访谈与社会调查，记录30名左右村民的生产劳动与村民生活，收集红色土地上的奋斗拼搏素材，并形成调查报告。

④工作日每天晚上进行短视频创意讨论与制作，时间不少于1小时。掌握视频素材采集、剪辑技术和短视频创作技术，合作提交1个短视频作品和1个微视频作品。

【活动安排】

（1）时间：2023年7月2日—12日。

（2）交通：高铁＋大巴。

（3）入住：××××小镇。

（4）费用：交通费、食宿费由项目和学院教学经费承担（但从南昌返回家乡的车费由学生自理）。

【安全事项】

（1）出发时：带好本人身份证，带好个人生活用品和洗漱用品。

（2）集合点：根据要求的集合时间，提前到达虹桥火车站的检票口。毕竟列车不等人！

（3）列车上：不吃陌生人给的食物与饮料等，不相信"好心人"提供"勤工助学"等方面的"帮助"。毕竟"天下还有贼"，也有"迷魂药"！

（4）转车时：不要离队，时间很紧。

（5）××小镇：一是不抱怨，不娇气；二是不挑食，不浪费；三是不争吵，不打架；四是不嬉闹，不追跑；五是严禁私自外出；六是不吃过辣食品，以免引起胃病。

（6）外出时：一是注意交通安全，注意车来车往！乡村的交通情况可能会乱些，没有"车让人"的意识，只能是我们让车！人多车多的地方，不要慌张，不要乱跑；二是遵守时间，不得迟到；三是集体行动，不得私自离队；四是礼貌待人，不得蔑视他人；五是注意形象，做到端庄朴实，严禁"洞洞裤"等。

（资料来源：到处都是办法的中国｜《国情调查与田野劳动》暑期课程简介. 华东师大政治与国际关系学院. 2023.4.26）

即 测 即 练

自学自测　　扫描此码

社会调查专题

要有效利用调研成果，有针对性地制定"三农"工作和全面推进乡村振兴的政策措施，同时注重处理好长短期政策的协调和衔接。调查研究是做好工作的基本功。今年，要结合学习贯彻党的二十大精神，把大兴调查研究作为即将在全党开展的主题教育的重要内容。

——习近平，在中央农村工作领导小组办公室《"乡村变迁"万户大调查分析报告》
上的批示（2023 年 1 月 26 日）

任务描述

- ◆ 根据服务地方经济需要，制定乡村振兴社会调查方案
- ◆ 根据学院专业群建设目标，制定晋商文化社会调查方案
- ◆ 适应创新创业课程体系建设需要，制定大学生创新创业专题社会调查方案
- ◆ 根据专业培养目标与要求，制定专业性社会问题调查方案

情景导入

社会调查专题既要和所学专业有一定的结合，也要达到服务地方经济的需要，体现大学生创新创业的能力等要素，在此基础上，本项目结合管理类不同专业的特点，罗列了乡村振兴主题调查、晋商文化主题调查、大学生创业专题调研、物流产业发展专题调查、山西省古城类景区短视频营销专题调查这五类调查专题，对于调查专题，一份逻辑清晰、内容详尽、操作性强的社会调查方案是顺利开展调查的前提。完成专题调查，需要明确本专题调研的活动背景是什么？活动目的是什么？活动内容是什么？活动安排是什么？活动预算怎么安排？……深刻领会了以上问题，专题调查就拥有了指南针。

任务一　乡村振兴主题调查

任务描述

乡村振兴战略是习近平总书记于 2017 年 10 月 18 日在党的十九大报告中提出的战

略。十九大报告指出，"三农"问题是关系国计民生的根本性问题，必须始终把解决好"三农"问题作为全党工作的重中之重，实施乡村振兴战略。融入乡村振兴战略是提升大学生综合素养的必要手段，大学生走进乡村，开展乡村振兴调查，要能够深入了解调查乡村的发展情况、存在的问题并提出解决对策。

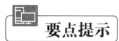 **要点提示**

大学生开展乡村振兴主题调查，首先要对乡村振兴的各项政策方针进行详细的了解，了解调查的背景，其次要对本次选定的乡村振兴的调研基地进行资料的收集，明确本次调查的目的。活动安排要详尽而明确，确保每组学生都理解充分，对于调查中的要求及调查成果，需要各组根据要求提前规划调查。

工作一 活动背景

✎ **要点提示**

乡村振兴主题调查的活动背景应该包括乡村振兴战略的主要任务有哪些，本次开展乡村振兴主题调查对于培养大学综合素质能力的意义。

✎ **实践范例**

党的二十大报告中指出要"全面推进乡村振兴"，就主要任务而言，要坚持农业农村优先发展，建设农民美好生活的繁荣乡村；全面夯实粮食安全根基，建设农业高质高效的现代乡村；巩固拓展脱贫攻坚成果，建设不发生规模性返贫的稳定乡村；深化农村关键领域改革，建设盘活各种资源的活力乡村。

乡村振兴调查社会实践活动是为了加深大学生对农村社会情况的了解，提高大学生对农村社会问题的认识，探索农村发展问题的大学生社会调查活动。活动中，通过对农村社会经济发展、生态环境保护、教育医疗等方面的调查研究，了解农村社会问题的真实情况，为提出针对性的解决方案提供参考。

工作二 活动目的

✎ **要点提示**

活动目的是结合本次选定的乡村振兴调查的基地的情况，规划本次调查预计实现的目的。

✎ **实践范例**

（1）深入了解农村社会问题，掌握农村社会发展的基本情况。

（2）发掘农村社会优势资源，提升农村发展环境。

（3）鼓励大学生积极参与农村发展，深化城乡联系，促进城乡共同发展。

工作三　活动内容

要点提示

活动内容需要详尽且有操作性，包括前期准备、调查过程、后期总结三部分。活动内容需要考虑乡村的特点，选择的调查项目是乡村振兴战略的主要任务。

实践范例

（一）前期准备

（1）选定活动地点：选取当地具有代表性的农村地区作为调查基地，可以是乡村振兴成功案例，也可以是乡村振兴薄弱村镇。

（2）策划活动内容：围绕农村社会发展的问题、发展趋势、问题原因及解决方案等方面进行调查研究。

（3）组织安排：按照教学计划制定活动方案，做好动员培训活动，激发大学生关注并投身乡村振兴活动的积极性。

（二）调查过程

（1）社情调查：在农村地区进行走访、调查，深入了解当地村情村貌、村庄设施、基础教育设施、卫生环境、文化生活等。

（2）产业分析：通过实地考察、问卷调查等形式分析当地的农业、渔业、林业等经济产业。

（3）教育医疗调查：通过实地考察，调查教育医疗设施、人员配备及各类资源，探索提升教育水平、医疗条件的方法途径。

（4）文化生活：在农村地区开展特色体验活动，如品尝当地美食、体验手工制作、开展民俗文化活动等，以推动当地文化旅游发展，加强对当地文化的保护。

（三）后期总结

（1）数据分析：对采集的各种数据进行归纳整理并分析，总结农村发展的主要问题和优势。

（2）成果展示：对活动成果进行展示，如制作海报、举办宣传活动、在媒体上发布文章，向全社会宣传农村社会实践活动的成果和意义，形成社会共识。

（3）提出建议：根据活动成果和数据分析形成相关建议，并向有关部门反映民生问题和农村发展方面的意见建议；同时，向志愿者、学生等传达实践活动的经验和感悟，鼓励他们积极参与社会实践活动。

工作四　活动安排

要点提示

乡村振兴主题涉及不同的调研内容，活动安排可以以小组的形式开展，每个小组开展不同项目的调查。活动安排既要详尽又要留有一定的余地，不能安排得过于死板。

实践范例

本次社会实践活动计划在××村进行 7 天的实地调查研究，具体时间为 20××年××月××日至××日。参与本次活动的志愿者均为本校学生，分为三个小组，每个小组负责一个主题的调查研究。

第一组：社情的调查研究

时间：2 天。

具体内容：调查当地乡情村貌、村庄设施、基础教育设施、人居环境、文化生活等方面的情况。

第二组：产业的调查研究

时间：3 天。

具体内容：调查当地农业、渔业、林业等经济产业，了解农业生产现状、市场销售情况以及存在的问题。

第三组：教育医疗的调查研究

时间：2 天。

具体内容：调查当地教育、医疗和卫生等方面的情况，了解教师、医生配备、医疗机构设备及医疗服务等情况。

工作五　活动预算

要点提示

活动预算要分门别类地制定，要尽可能地详尽，但同时也要有一定的机动空间，预防因价格变动带来的不确定因素。

实践范例

本次活动的预算主要包括：

（1）人员费用：志愿者食宿、交通等（3000 元）；

（2）调查费用：材料费等（1500元）；

（3）活动宣传费用：制作并印刷海报、宣传广告等（500元）；

（4）其他机动支出：如保险等（1000元）；

总计：6000元。

以上预算均为估算，实际费用根据活动开展的实际情况而定。

经费来源：向学校申请；自筹。

工作六　责任分工

要点提示

责任分工包括本次活动的组织者，参与本次调查的志愿者及和乡村基地联系的联络人。

实践范例

（1）组织者：指导本次农村调查研究社会实践活动的院系领导或明确的牵头负责人。负责本次活动的策划、安排、总结和成果展示。

（2）志愿者：经招募或指定的本校学生志愿者。参与活动的实践调研，负责资料整理工作，并参与到后期的成果展示中。

（3）村联络人：村委安排的本次活动的主要联络人。负责提供食宿，为志愿者提供必要的帮助。

工作七　活动展望

要点提示

活动展望是指通过本次乡村振兴主题调查，大学生对于乡村及乡村建设的认识得到了提升，同时激发大学生进入乡村开展工作的热情等。活动展望可以单独列出，也可以和活动目的放在一起。

实践范例

（1）增强大学生对乡村社会的了解，拓宽其视野。

（2）积极推进城乡互动，推动乡村社会治理发展。

（3）强化参与意识，鼓励大学生前往乡村支教、支农、创业、创新。

（4）促进当地经济的发展，推动当地经济转型升级。

（5）提升大学生的团队合作能力，锻炼其实践操作水平。

工作八　注意事项

要点提示

　　注意事项既包括开展调查中的安全、纪律等问题，也包括在乡村调查中要注意结合乡村的环境、人文等特点，调查活动应采用合适的方式方法。

实践范例

　　（1）交通安全：活动过程中需要乘车，需要注意交通安全。
　　（2）食品安全：活动期间需要食宿，农村地区卫生条件有限，需要特别注意食品安全及卫生状况。
　　（3）自然风险：乡村地区环境较为复杂，有可能出现突发自然灾害，需要特别注意。
　　（4）心理风险：乡村环境与城市环境不同，可能给参与者带来心理压力，需要加强心理辅导和关心。
　　活动前，要进行安全教育和分析，成立安全工作小组，对活动过程中可能遇到的各种安全风险进行有效的预判和处理。

工作九　成果运用

要点提示

　　成果运用是指本次乡村振兴调查结束后，学生需要完成的调研报告、调研汇报等任务，同时也包括本次调查对乡村的宣传、乡村的发展带来的价值等。

实践范例

　　（1）调研报告：将本次社会实践取得的调查研究成果编辑整理成调研报告，提交给有关部门。
　　（2）宣传活动：通过制作海报、举办宣传活动等方式，积极宣传乡村实践活动的成果和意义，形成广泛的社会共识。
　　（3）社会服务：根据在实践活动中发现的问题提出可行的解决方案，为地方政府及相关机构提供合理的政策建议。
　　对参与者来说，本次农村社会实践调查研究活动将是一次难得的学习和实践机会，通过深入的走访、调查、体验等方式，可以深刻地认识到乡村群众的生活现状及乡村发展中存在的问题，这对于丰富大学生的社会经验、提高他们的社会责任意识具有很重要的意义。
　　（资料来源：公众号"学习和实践"，2023年5月13日）

任务二 晋商文化主题调查

任务描述

历史上，山西是"一带一路"大商圈的重要组成部分。晋商纵横欧亚九千里、称雄商界五百年，形成了开放、诚信的晋商文化和晋商精神。晋商文化主题调查首先需要深入了解晋商精神的内涵，对于晋商文化中的开放和诚信进行深入调查，挖掘晋商文化的现代价值。大学生在调查晋商文化的过程中，身临其境地感受晋商的创业、守业的精神和文化，其精神文化启发大学生树立远大的理想、形成崇高的职业素养。

要点提示

晋商文化主题调查需要在前期通过案头调查法收集大量的关于晋商的资料，在此基础上，深入晋商现存的大院遗址开展实地踏勘式调查，调查中要明确活动背景、活动目的，掌握活动内容，牢记活动安排，遵守活动注意事项，调查后要及时完成成果要求。

工作一 活动背景

要点提示

晋商文化主题调查的活动背景包括晋商文化的基本介绍、晋商文化的价值等内容。通过活动背景介绍，让调查员对于晋商文化有初步的认知。

实践范例

在中国明清以来的近代经济发展史上，驰骋欧亚的晋商举世瞩目，山西特别是以太谷、祁县、榆次、平遥等为代表的太原盆地商人前辈，举商贸之大业，经营范围包罗万象，夺金融之先声，钱庄票号汇通天下，称雄五百余年，创造了亘古未有的世纪性繁荣，在神州大地上留下了灿烂的商业文化。晋商文化是指晋商在长期的商业实践中形成的一种独特的文化现象和文化精神，是中华民族传统文化中最具活力和魅力的一部分，也是中华民族复兴之路上最具潜力和影响力的一股力量。晋商历史与使命体现了中华民族的商业智慧、商业道德、商业精神，也体现了中华民族的创造能力、适应能力、团结能力。

工作二　活动目的

要点提示

晋商文化主题调查的活动目的不仅包括调查者通过调查获取资料，更多的是本次调查对大学生的教育意义。

实践范例

（1）深入了解晋商历史与文化，用晋商精神培元、以晋商文化固本，引导学生积极主动地探索与追求应该承担的社会责任，以承担起传承晋商文化、弘扬晋商精神的使命。

（2）实现晋商精神教育和思想政治教育的有效融合，切实把晋商精神内化为社会责任意识和积极向上的价值取向。

工作三　活动内容

要点提示

晋商文化主题调查的活动内容包括前期准备、调查过程、后期总结等三部分。前期准备主要是指选定调查地点（即山西晋商文化较为集中的区域）策划调查哪些项目及组织安排。调查过程主要是指调查晋商文化的哪些内容。后期总结主要是指调查结束后的一些活动内容。

实践范例

（一）前期准备

（1）选定活动地点，选取山西省晋商文化较为集中的区域，如太谷、祁县、榆次、平遥等地，既可以是体现晋商文化的纪念馆、晋商大院，也可以是晋商老字号。

（2）策划活动内容，围绕晋商文化、晋商商业兴衰、晋商历史遗存、晋商文化对当地发展的影响等方面进行调查研究。

（3）组织安排，按照教学计划制定活动方案，做好动员、培训工作，激发大学生对晋商文化的兴趣，同时做好社会调查前的宣传工作。

（二）调查过程

（1）案头研究晋商文化资料。包括晋商的思想观念、道德规范、经营理念、管理制度、生活方式等方面。

（2）探访晋商发源地。体悟晋商商业智慧与经营理念，了解晋商智慧以及晋商悠久的历史和深厚的文化底蕴，增加对晋商文化的认识和感悟，深刻体会"诚实守信、开拓进取、和衷共济、务实经营、经世济民"晋商精神，挖掘晋商文化，共探晋商未来。

（3）调研晋商历史遗存。掌握一手资料，引导学生通过调研活动了解明清以来，尤其是近代以来晋商在各地的遗址遗迹和发展情况，社会调查实践活动与弘扬传统文化结合起来，挖掘晋商文化内涵，体悟晋商精神精髓。

（三）后期总结

（1）资料整理分析：对调研收集到的各种资料进行归纳整理并分析，总结出晋商文化、晋商历史发展的主要成就。

（2）成果展示：对活动成果进行展示，如制作海报、举办宣传活动、在媒体上发布文章等，宣传弘扬晋商文化的意义，形成社会共识。

（3）提出建议：根据活动成果和资料分析，形成相关建议，并向有关部门反映弘扬晋商文化、传承晋商精神的意见建议；同时，向其他学生传达、普及活动的经验和感悟，鼓励他们积极参与社会调查活动。

工作四　活动安排

✎ 要点提示

活动安排是指本次晋商文化主题调查的日程安排及各小组的组织工作，注意晋商文化涉及的内容较为丰富，可以让不同小组分别选定一个分主题开展调查。

✎ 实践范例

本次社会实践活动计划在晋商博物馆、平遥古城、乔家大院、王家大院、渠家大院等地开展为期5天的实地调查研究，具体时间为20××年××月××日至××日。参与本次活动的均为本校学生，分为三个小组，每个小组负责一个主题的调查研究。

第一组：晋商文化的调查研究

时间：2天。

具体内容：总体了解晋商在山西的分布及商业发展历史。

第二组：晋商商业兴衰原因调查

时间：1天。

具体内容：包括晋商的思想观念、道德规范、经营理念、管理制度、生活方式、兴盛历史、衰败原因等方面。

第三组：晋商历史遗存调查

时间：2天。

具体内容：晋商历史遗存分布情况、保护现状、开发现状。

工作五 活动预算

要点提示

晋商文化主题调查的活动预算主要有人员费用、调查费用、活动宣传费用及其他机动费用。注意，晋商文化调查地多是旅游地，费用会有较大波动，注意留出机动空间。

实践范例

本次活动的预算主要包括：

（1）人员费用：食宿、交通等；

（2）调查费用：材料费等；

（3）活动宣传费用：制作并印刷海报、宣传广告等；

（4）其他机动支出：如保险等。

总计：6000元。

以上预算均为估算，实际费用根据活动开展的实际情况而定。

经费来源：向学校申请；自筹。

工作六 责任分工

要点提示

责任分工主要包括组织者、志愿者（调查者）和晋商文化基地联络人的责任分工。

实践范例

（1）组织者：指导本次晋商文化调查社会实践活动的院系领导、指导教师或明确的牵头负责人，负责本次活动的策划、安排、总结和成果展示。

（2）志愿者：经招募或指定的本校学生志愿者。参与活动的实践调研，负责资料整理工作，并参考到后期的成果展示中。

（3）基地联络人：与调研基地进行联系和沟通相关事宜的人员，负责提供食宿，为志愿者提供必要的帮助。

工作七 注意事项

要点提示

注意事项既包括开展调查中的安全、纪律等问题，也包括在晋商文化调查中要注意对于文物的保护，注意选择合适的调查方式。

实践范例

（1）交通安全：活动过程中需要乘车，注意交通安全，同时保持警惕心态。

（2）食品安全：特别注意日常饮食和各种新鲜食品的安全性及卫生状况。

（3）调查过程中的注意事项：晋商文化调查基地多是一些有纪念价值的地区，同学们调查的过程中要有文物保护的观念，选择合适的调查方式。

（4）其他风险：包括造成其他人身及财产安全隐患的风险因素。

活动前，要进行安全教育和分析，成立安全工作小组，对活动过程中可能遇到的各种安全风险进行有效的预判和处理。

工作八　成果运用

要点提示

成果运用是指本次晋商文化主题调查结束后，学生需要完成的调研报告、调研汇报等任务，同时也包括本次调查后，对于晋商文化基地的宣传、提出调查中发现的问题并提出对策等。

实践范例

（1）调研报告：对于本次晋商文化社会调查所取得的调查研究成果，将编辑整理成调研报告，提交有关部门和社会公众参考。

（2）宣传活动：通过制作海报、举办宣传活动等方式，积极宣传调查活动的成果和意义。

（3）社会服务：针对调查活动所发现的问题，提出可行的解决方案，为地方政府及相关机构提供合理的政策建议。

本次晋商社会实践调查研究活动，对参与者来说，将是一次难得的学习和实践机会，通过深入的走访、调查、体验等方式，可以深刻地认识到晋商文化的辉煌历史和衰败原因，这对于激发大学生的创新创业、提高他们的社会责任意识具有很重要的意义。

任务三　大学生创业专题调查

任务描述

《关于进一步支持大学生创新创业的指导意见》指出，大学生是大众创业万众创新的生力军，支持大学生创新创业具有重要意义。要以习近平新时代中国特色社会主义思想为指导，全面贯彻党的教育方针，落实立德树人根本任务，立足新发展阶段、贯彻新发展理念、构建新发展格局，坚持创新引领创业、创业带动就业，提升人力资源素质，实现大学生更加充分、更高质量的就业。作为在校大学生走进真实的创业者开展调查，了解大学生创新创业政策、创业形势、创业模式、创业的典型案例等，可以激发在校大学生的创新意识。

✎ 要点提示

对于大学生创业专题调查，首先要查阅我国发布的各项有关大学生创业的政策和意见，认真阅读已发布的大学生创业报告，查阅山西省大学生创业基地的分布，掌握山西省大学生创业的基本情况。开展调查前，明确大学生创业的背景，对于本次开展调查的目的有清晰的认知，选定好调查的基地并建立联系，规划好调查内容，对于调查进行较为详细的安排，并对本次调查能够达到的成果进行预计。

工作一　活动背景

✎ 要点提示

大学生创业专题调查的活动背景包括大学生创业目前的形势、政策上的支持、高等院校对于大学生创业的相关扶持方式等方面，活动背景的明确有利于调查者对于大学生创业有较为明确的初步认识。

✎ 实践范例

党的二十大报告提出，完善促进创业带动就业的保障制度，支持和规范发展新就业形态。大学生自主创业是大学生通过个人及群体的努力，利用所学到的知识、技术和所形成的各种能力，以自筹资金、技术入股、寻求合作等方式，在有限的环境中，努力创新、寻求机会、不断成长、创造价值的过程。受我国宏观经济增速放缓、就业总量持续增加和劳动力结构性矛盾突出三大因素的影响，针对高校毕业生的有效用人需求呈下降趋势。在大学生就业形势日益严峻的社会背景下采取有效措施，为大学生创业营造良好的环境，对促进大学生创业并带动就业具有十分重要的作用。同时，鼓励和支持大学生创业有利于区域经济增长、转型升级，从而激发整个社会的创新活力。

近年来，国家十分重视促进高校毕业生自主创业工作，相关部门采取了一系列鼓励性措施，降低门槛、简化程序、财政补贴、税收优惠等多项政策措施并举，使大学生创业环境总体上得到进一步优化。

引导和促进大学生创新创业已经成为党中央、国务院全面深化改革的重要部署，成为加快实施创新驱动发展战略、适应和引领经济发展新常态的重大举措。高校在人才培养过程中，应引导大学生正确认识社会，了解社会需求，积累创业经验，逐渐形成正确的自主创业意识与准确的市场定位，并通过各种渠道广泛获取创业经验。

工作二　活动目的

✍ 要点提示

　　大学生创业专题调查的活动目的主要是指调查者深入创业基地，通过访问法、观察法等调查方法从相关创业者处获取调查成果，主要包括对当地创业政策的掌握，对创业项目选择的方式、创业模式的收集，并能够针对创业中的问题启发调查者进行深入思考，提出自己的看法。

✍ 实践范例

　　（1）调查了解大学生创业的一般流程及相关政策与优惠。

　　（2）调查了解大学生创业面临的主要困难和制约因素。

　　（3）帮助大学生发现社会需求、确定创新创业项目。

　　（4）调查了解大学生自主创业的成功范例，借鉴大学生自主创业的成功经验，汲取大学生自主创业失败教训。

　　（5）为政府、企业及研究者提供决策依据和参考。

工作三　活动内容

✍ 要点提示

　　大学生创业专题调查的活动内容包括前期准备、调查过程、后期总结三部分。前期准备主要是指选定调查地点，即山西省创业较为集中的产业园、产业小镇等，策划调查哪些项目及组织安排。调查过程主要是指本次调查主要调查的项目。后期总结主要是指调查结束后的一些活动内容。

✍ 实践范例

（一）前期准备

　　（1）选定调查地点：选取山西省内的某个或某几个大学生创业园、非遗小镇、产业小镇、典型企业作为调查基地。

　　（2）策划调查内容：围绕大学生创新创业政策、大学生创业企业入园条件、创业项目选择、商业模式设计、成功范例、失败事例等方面进行调查。

　　（3）培训调查学生：对参加调查的学生进行大学生创业政策、形势、知识以及调查的目的、问题、技巧和方法等的培训和指导。

（二）调查过程

（1）创业园运营现状分析：通过实地考察、访谈、问卷调查等方式，了解大学生创业园运营基本情况、政策落实、孵化情况、服务保障、未来规划和大学生创业现状。

（2）大学生入园创业流程：了解入园条件、政策优惠、入园申请、工商注册、创业指导、投资融资、风险评估、项目孵化、项目推广等。

（3）大学生创业成功范例：了解创业历程、经验教训、运营管理、技术研发、成果转化、市场推广、商业模式、生产经营现状、存在困难与问题等方面内容。

（4）创业项目选择：通过实地考察，围绕创业项目选择，了解市场需求，发现创业机会，了解相关政策法律、市场竞争，分析优势、劣势、机会、威胁等方面内容。

（三）后期总结

（1）成果总结：根据社会调查收集到的资料数据和情况分析，形成创业计划。

（2）成果展示：通过公开渠道发布调查报告，提高大学生对创新创业的认知和理解，营造鼓励创新、倡导创业的氛围。

（3）提出建议：根据调查结果，提出针对助推大学生创业的政策建议和发展策略，为政府和企业提供参考。

工作四　活动安排

✍ 要点提示

活动安排是指本次大学生创业专题调查的日程安排及各小组的组织工作，可以将大学生创业主题分为不同方向的分主题，各小组可以在调查前选定自己较为感兴趣的调查分主题开展调查。

✍ 实践范例

本次社会调查在××大学生创业园、产业小镇、非遗小镇、大学生创业典型企业等基地进行为期×天的实地调查研究，具体时间为20××年××月××日至××日。本次调查活动分四个阶段，每个阶段完成一个方面的调查任务。

阶段1：创业园运营现状分析。

时间：3天。

阶段2：大学生入园创业流程。

时间：2天。

阶段3：大学生创业成功范例。

时间：2天。

阶段 4：创业项目选择。

时间：3 天。

工作五　活动展望

✍ 要点提示

活动展望是指通过本次大学生创业专题调查，激发大学生的创业热情，为有创业想法的大学生提供思路。同时，通过调查也可以提升调查者的综合素质，加深其对实践的认知。本次活动还可以起到为政府建言献策的作用。活动展望可以单独列出，也可以和活动目的放在一起。

✍ 实践范例

（1）激发大学生创业热情，培养大学生创新精神和创业意识，为大学生创新创业提供新思路。

（2）提高大学生自主创业的综合能力、市场洞察能力以及法律、财会、管理等多方面的综合素质。

（3）为政府建言献策，优化鼓励大学生创新创业相关政策。

工作六　成果运用

✍ 要点提示

成果运用是指本次大学生创业专题调查结束后，学生需要完成的调研报告、调研汇报等任务，同时也包括本次调查后，对于大学生创业的宣传、提出有关大学生创业的相关建议等。

✍ 实践范例

（1）调查报告：形成一份关于大学生创业园运营现状的调查报告，为政府、企业及研究者提供有益的参考；完成一份内容完整、分析全面、计划周密、基本可行的创业计划。

（2）宣传活动：通过公开渠道发布调查报告，积极宣传大学生创新创业主题调查活动的成果和意义，提升大学生对创新创业的认知和理解，以及大众对大学生创新创业的支持。

（3）社会服务：根据调查发现的问题，提出针对性的政策建议和发展策略，为政府和相关企业提供决策支持，推动大学生创新创业的良性发展。

任务四 物流产业发展专题调查

 **任务描述**

现代物流，一头连着生产，一头连着消费，高度集成并融合运输、仓储、分拨、配送、信息等服务功能，是延伸产业链、提升价值链、打造供应链的重要支撑，在构建现代流通体系、促进形成强大国内市场、推动高质量发展、建设现代化经济体系中发挥着先导性、基础性、战略性作用。《山西省"十四五"现代物流发展规划》紧紧围绕转型蹚新路对现代物流的要求，充分发挥现代物流对融入新发展格局的重要作用，对未来五年山西省现代物流发展进行全面部署，从空间结构、六新赋能、降本增效、标准绿色安全、重大项目等方面，提出五大任务、十六个方面、四十七条具体举措、七大提升工程。作为经济管理类专业的大学生，通过对物流产业发展的专题调查，可以切身感受物流产业的现状，调查物流产业中的创新点，发现物流产业中的问题，利用专业知识提出对策建议。

要点提示

开展物流产业发展专题调查活动，学生首先要查阅资料，了解我国物流产业的发展现状，了解山西省物流产业的规划目标、物流产业主要分布基地，充分掌握活动的背景。在此基础上梳理本次活动的目的，对于本次调查的内容进行前期、中期和后期的安排，提出本次调查的主要项目。详细规划本次调查的组织和进度行程安排，对本次调查活动可能达到的效果进行展望，并提出本次调查的预期成果。

工作一 活动背景

要点提示

物流产业发展主题调查的活动背景包括物流产业的发展动态，开展物流产业发展主题调查的现实意义。

实践范例

山西省物流产业发展社会调查是为了全面了解山西省物流产业的发展现状、问题和未来趋势，为山西省物流产业的可持续发展提供决策参考，也为公众了解山西省物流产业提供窗口。通过本次调查，希望能够为山西省物流产业的优化升级和高质量发展提供有益的思路和建议。

工作二　活动目的

✍ 要点提示

活动目的是指结合本次选定的物流产业基地的情况,规划本次调查预计实现的目的。

✍ 实践范例

(1)深入了解山西省物流产业的发展水平、市场规模及竞争格局。

(2)分析山西省物流产业的发展瓶颈、问题及挑战。

(3)探究山西省物流产业的发展趋势及创新方向。

(4)为政府、企业及研究者提供决策依据和参考。

工作三　活动内容

✍ 要点提示

活动内容需要详尽且有操作性,包括前期准备、调查过程(实践调查)、后期总结三部分。活动内容需要考虑物流产业的特点,选择的调查项目是物流产业的前沿问题和当前需要提升和解决的问题。

✍ 实践范例

(一)前期准备

(1)选定调查地点:选取山西省内的某个物流企业或物流园区作为调查基地。

(2)策划调查内容:围绕山西省物流产业发展的现状、企业竞争力、发展趋势、创新能力、政策环境对物流产业的影响和作用、新技术在物流产业中的应用和前景等方面进行调查。

(3)培训调查学生:对参加调查的学生进行培训和指导,包括调查的目的、问题、技巧和方法等。

(二)调查过程

(1)现状分析:通过实地考察、问卷调查等方式,深入了解山西省物流产业的市场规模、产业结构、区域分布等情况,分析存在的问题和瓶颈,探讨其原因和影响。

(2)企业竞争力评估:通过实地考察、座谈等方式对物流企业进行评估,了解企业的优势、劣势、特色等,分析企业的竞争力和发展潜力。

(3)政策环境分析:通过实地考察、问卷调查等方式深入了解山西省政府对物流产业的政策支持情况,分析政策环境的优劣,探讨政策对物流产业发展的影响和作用。

（4）技术创新与应用：通过实地考察、面对面访谈等方式深入了解新技术在物流产业中的应用，如物联网、大数据、人工智能等，分析其对产业发展的推动作用和未来发展趋势。

（三）后期总结

（1）数据分析：对采集到的各种数据和资料进行深入分析和整理，总结出山西省物流产业发展的现状和存在的问题。

（2）成果展示：通过公开渠道发布调查报告，提高公众对山西省物流产业的认知和理解。

（3）提出建议：根据调查结果提出针对性的政策建议和发展策略，为政府和企业提供参考。

工作四 活动安排

✍ 要点提示

物流产业发展主题涉及不同的调研内容，活动安排可以以小组的形式开展，每个小组开展不同项目的调查。活动安排既要详尽又要留有一定的余地，不能安排得过于死板。

✍ 实践范例

本次社会调查在××企业进行为期×天的实地调查研究，具体时间为20××年××月××日至××日。参与本次活动的学生分为四个小组，每个小组负责一个方面的调查研究。

第一组：现状分析

时间：3天。

具体内容：调查企业的规模、业务范围、从业人员数量、物流成本和效率问题、物流设施设备和仓储设备的现状和利用率，物流服务水平和客户满意度。

第二组：企业竞争力评估

时间：2天。

具体内容：调查企业的经营状况、市场占有率、核心竞争力等情况。

第三组：政策环境分析

时间：2天。

具体内容：调查政府对物流企业的政策支持情况，包括政策法规、政策措施和政策实施效果等。

第四组：技术创新与应用

时间：3 天。

具体内容：调查企业的物流创新和新技术应用趋势、物流信息化建设和技术应用情况以及与其他产业融合发展情况。

工作五 活动展望

要点提示

活动展望是指通过本次物流产业发展主题调查，大学生对于物流产业发展的认知得到了提升，对所调查的山西省物流基地起到宣传的作用，同时调查中也培养了大学生的团队合作等素养。活动展望可以单独列出，也可以和活动目的放在一起。

实践范例

（1）增强学生对山西省物流产业发展的了解，拓宽视野。

（2）增强学生的团队合作能力，锻炼实践操作水平。

（3）为公众提供了解山西省物流产业的窗口，提高公众的认知和理解，提升物流服务质量，改善公众体验。

工作六 成果运用

要点提示

成果运用是指本次物流产业发展调查结束后，学生需要完成的调研报告、调研汇报等任务，同时也包括本次调查后，对于物流产业基地的宣传、为物流产业基地提出的建议等。

实践范例

（1）调查报告：形成一份全面、深入的山西省物流产业发展调查报告，为政府、企业及研究者提供有益的参考。

（2）宣传活动：通过公开渠道发布调查报告，积极宣传山西省物流产业调查活动的成果和意义，提高公众对山西省物流产业的认知和理解。

（3）社会服务：根据调查活动所发现的问题，提出针对性的政策建议和发展策略，为山西省政府和相关企业提供决策支持，推动物流产业的可持续发展。

任务五　山西省古城类景区短视频营销专题调查

 **任务描述**

　　山西省古城类景区短视频营销专题调查来自山西省文化、旅游、创意产业发展调查研究专项课题项目，将科研项目和教学进行了较为紧密的结合，该专题是市场营销专业在新媒体营销理论学习的基础上开展的一次实践调查。通过本次调查，为课题项目收集了较为丰富的一手资料，学生能够切身感受到短视频营销在实践中的作用，启发学生深入思考、发现问题，进而提出相应的专业建议。

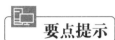 **要点提示**

　　本次山西省古城类景区短视频营销专题调查最终的成果是，要形成一份较为规范的调查报告，同时提出相应的对策建议。本次调查需要首先明确调查目的，其次理解调查意义，重点掌握不同的调查方法及数据处理方法，明确成果展示的要求。调查前，指导老师对自己负责的小组进行集合培训，对于调查中的安排、调查注意事项要进行强调说明。

工作一　调查目的

✍ **要点提示**

　　调查目的分为两个方面：一方面是通过本次调查要获取哪些方面的资料；另一方面也是最终目的，是通过本次调查为山西省古城类景区开展短视频营销建言献策。

✍ **实践范例**

　　山西省古城类景区作为山西旅游的重要资源，是拉动山西文旅业发展的重要组成部分。短视频营销作为目前营销引流的一种主要方式，从线上"种草"到线下消费"拔草"，将诸多旅游景点与众多游客联结起来，从而为地方经济发展带来新的机遇和动能。因此，山西省古城类景区应乘势而上，依托深厚的文化底蕴和丰富的旅游资源，不断探索如何应用对外宣传推介的"流量密码"，更好地助推山西文旅业的发展。

　　在对山西省古城类景区短视频营销现状深入调查的基础上，了解古城类景区短视频营销的效果以及消费者对短视频营销的态度等，结合山西文旅业现状，以太原古县城为例提出山西省古城类景区短视频发展的创新思路和营销策略，整合各方力量，多频共振，持续性加大对古城类景区文化和旅游宣传的深度和广度，吸引更多的游客踏入山西省古城类景区，带动当地经济的发展，并产生连带效应，促进山西文旅业高质量发展。

工作二　调查意义

要点提示

调查意义是指选择山西省古城类景区短视频营销调查选题的意义，说明短视频营销作为影响力较大的方式对于山西省古城类景区宣传的重要性，通过该调查能够发现问题并提出合理的短视频营销策略的现实意义。

实践范例

《山西省"十四五"文化和旅游产业融合发展规划》中提到坚持以文塑旅、以旅彰文，推动文化和旅游深度融合、创新发展，不断巩固优势叠加、双生共赢的良好局面。同时，《太原市"十四五"文化旅游发展规划》《太原市深化文化和旅游融合发展实施方案》也有相关内容。在移动互联网时代，如何利用线上直播、线下短视频推广，从短视频的科技感制作、用户思维、用户群体等方面进行分析，探讨采用短视频发展旅游业，借助抖音、小红书等 App 短视频旅游营销手段的传播，发挥短视频在旅游业营销推广中的巨大作用，让一些濒临消失的传统文化、传统小吃、颇具风俗的景区得以焕发活力，不断提升短视频在城市及旅游景区形象上的传播效果，突出旅游城市及景区的历史文化和趣味性特色。太原古县城作为山西省古城类景区中有影响力的一座古城，本课题以太原古县城为例并结合短视频的特点，探究短视频在宣传及推广太原古县城景区特色方面的促进作用，为"游山西就是读历史"注入太原古县城特色，并借助"创新+项目"（张艺谋导演的电影《满江红》打卡地），将太原古县城通过短视频传播进一步带入大众视线，不断提升景区知名度，促进短视频和旅游业相融合，助力短视频发展旅游业的策略，对于山西省古城类景区开展新媒体营销有一定的参考及借鉴意义。

工作三　调查方法和数据处理

要点提示

调查方法和数据处理是该任务中的关键环节。调查方法主要是指利用多种方法开展调查，如案头调查法、问卷调查法、深入访谈调查、实地观察法等。数据处理是指对于不同的调查方法，如何进行后期的数据整理和数据分析。调查者需要以组为单位对不同的调查方法和数据处理进行讨论，对于数据处理要进一步明确具体操作。

实践范例

（一）调查方法

此次研究拟采取案头调查法、问卷调查法、访谈调查法、实地观察法等调查方法。

1. 案头调查法

从短视频平台（抖音）山西省古城类景区短视频目前短视频数、点赞数和评论数三个维度分析品牌在短视频平台的影响力。在对数据解读后，分析景区在短视频领域的影响力下产生的效益。分析排名前列的景区短视频营销的成功举措，利用词云分析评论，对于消费者评论的高频词语进行汇总，作为问卷设计的参考。

2. 问卷调查法

（1）问卷调查的调查对象为太原古县城的游客，采取判断抽样的方式，拟调查1000份左右的问卷。

（2）问卷项目：

①游客的基本信息。

②游客对太原古县城短视频的观看频次、是否转发、有无宣传、对短视频的评价、从短视频中产生的消费项目、消费金额等。

③游客对太原古县城的态度测量。

④游客对太原古县城的意见和建议。

3. 访谈调查法

（1）访谈目的：对太原古县城运营企业相关负责人的访谈，就目前太原古县城短视频营销的策划、收益等展开访谈。

（2）访谈对象：太原古县城运营者。

（3）访谈提纲设计：

①太原古县城短视频营销有无专门的团队？

②太原古县城短视频营销产生的影响力自我评价。

③目前太原古县城短视频营销的策划创意如何？

④短视频营销在整个推广宣传中的地位？

⑤今后短视频营销要如何发展？

4. 实地观察法

设计观察表，对太原古县城的实地观察主要从游客流量、游客年龄分布、游客参与基地活动情况三方面展开观察。对古县城不同的街道和消费场景进行为期一周的实地观察，发现不同时间段的人流量、不同场景的消费情况，对不同时间段的情况进行记录，对不同日期、不同时间段的情况进行分析对比。

（二）数据处理

对于问卷调查的数据，首先进行描述性统计分析，根据旅客对太原古县城短视频的了解、来自短视频影响的消费等进行统计图表分析，对基本信息和单选类题项进行交叉列表分析，通过卡方检验探索基本信息和相应选择的关系以及差异。对量表类题项首先进行描述性分析，包括平均数、标准差等分析。其次对基本信息和量表类题项均值进行T 检验，探索不同类别的差异性。最后对量表类题项之间进行相关回归分析，探索相关因素之间的因果关系。

工作四 调研成果预期目的

要点提示

该工作主要包括本次调查最终形成调查报告的具体要求，以及后期学生对于调查报告的成果转化服务社会等目的。

实践范例

通过山西省古城类景区短视频营销现状的案头调查，以太原古县城为例展开问卷调查、访谈调查、实地观察等多种调查获取调查数据，通过统计分析，形成一份调查报告，分析目前太原古县城短视频营销的现状、成果及存在的问题，进而提出对策，对今后太原古县城短视频营销的消费力进行预测，并提出今后短视频营销的策略，形成行业案例，为山西省古城类景区短视频营销提供范例。

总结与复盘

不同学校、不同专业、不同时期，可以根据实际情况综合选择社会调查主题，或者根据需要挑选多个调查主题组合起来实施，也可以对某一个调查主题进行深入调研。总而言之，社会调查为培养目标服务，为达成毕业要求形成强有力的支撑。

即 测 即 练

自学自测　　扫描此码

项目六

社会调查基地选择与导师选聘

强化理论武装，深入开展调查研究，扑下身子、沉到一线接地气；突出问题导向，建立民生项目清单，着力解决人民群众急难愁盼问题……学习贯彻习近平新时代中国特色社会主义思想主题教育正在全党深入开展，各地区各部门坚持学思用贯通、知信行统一，切实把学习成效转化为做好本职工作、推动事业发展的生动实践。

（以学增智，提升实践能力——推动主题教育取得实实在在的成效.
《人民日报》，2023.5.26）

"参与当地人的生活，在一个严格定义的空间和时间的范围内，体验人们的日常生活与思想境界，通过记录人的生活的方方面面，来展示不同文化如何满足人的普遍的基本需求及社会如何构成。"这便是田野调查。

——一文看懂田野调查法（河南工业大学社科研究公众号，2022.4.26）

 任务描述

社会实践基地的建设是大学生开展社会实践活动的基本保障，缺少社会支持的社会实践活动，其开展过程必将困难重重。为此，社会调查实践需要选择与建设若干个既体现专业特色，又能形成长久合作关系的社会调查实践基地。同时，要在校内外聘任一批政治过硬、敬业认真、专业技术水平高、擅于组织管理社会调查活动的指导教师。

情景导入

选定了社会调查主题，就需要进一步考虑该主题的社会调查活动选取哪些单位开展调查实践较为有效，这些单位既要与所选主题契合度高，也要有一定的合作基础和合作意愿，确保长期支持与持续配合。这就需要规划实施社会调查实践基地建设工作。

大学生尚未走入社会，开展所选主题的调查研究，理论上和实践上都需要专业性的教学与指导，为此还需要注重理论导师和实践导师两个方面的课程师资建设，必要时还需要引进辅导员和团学干部加入，以便于社会调查活动的组织开展。

任务一　社会调查基地建设

任务描述

根据社会调查选题，结合实际情况，选择几处社会调查基地进行对比分析，从调查对象、实地调查实施、场地等方面进行对比后，选择至少一处作为本组的实地调查基地。

要点提示

社会调查实践育人基地是开展实践育人工作的重要载体。围绕调查选题，可以依托高新技术产业开发区、大学科技园、大学生创新创业园或其他园区，设立创新创业社会调查实践基地。也可以选择城市社区、农村乡镇、工矿企业、社会服务机构等，建立多种形式、多个选题方向的社会调查实践活动基地。一般而言，每个专业都应建设三个以上相对稳定的社会调查实践基地。

工作一　社会调查基地分析

要点提示

选择社会调查实践基地，首先要对社会调查基地基本情况进行系统全面的分析，具体研究社会调查基地内部条件和外部环境，特别是与调查主题契合关联度高的人、事和物等因素。比如，人口、区位、历史、资源、经济、文化、教育、自然地理、风俗习惯、管理体制、领导机构等。

工作二　社会调查基地选择

要点提示

选好调查点对成功地进行调查具有关键性的意义。社会调查，选择调查点的基本要求有：一是选择有特色的地区，二是选择有代表性的地区，三是选择有特殊关系的地区，四是选择前人调查研究过的著名社区。

社会调查基地是开展实地社会调查的场所，需要具备调查对象相对集中，能够抽取有代表性样本、便于开展调查等特点。

在选择基地时需要遵循以下几个原则：

（1）与所选调查主题契合度高、具有代表性和典型意义，能有效实现综合实践育人功能。根据专业特点与所选调查主题，开展社会调查要努力建设专业教学与社会服务紧密结合、学校与社会密切合作、专业链与产业链高度契合的社会调查实践教学基地。基地建设可采取校地共建、校企合作、学校引进等方式。

（2）所选基地能涵盖调查对象中的各种分类。调查对象作为调查的总体，按照不同的特征可以分为不同的类别，所选基地最好能涵盖调查对象中的各种分类，覆盖调查主题各方面的分项主题。

（3）所选基地要便于开展调查，主要表现为场地适合开展调查，被调查者有较为充足的时间配合开展调查等。

（4）所选择基地可以开展实地教学工作，这是因为在实地调查过程中对于遇到的问题需要及时开展总结。

（5）学校与基地之间可以建立长期稳定、互利互惠的合作关系。一般而言，只有体现互利共赢、合作共建的原则，发挥双方的优势资源，为学生创造大量的实践机会，学校与基地之间才容易建立长期稳定、互利互惠的合作关系。因此，高校需要尽量选择与其有合作关系的单位建设社会调查实践基地，确保社会调查实践可以长期有效开展。

实践范例

60岁以上老年人作为调查对象，按照养老方式可以分为居家养老和机构养老，这就要求所选择基地中的老年人既有居家养老也有机构养老，为满足该条件，基地也可以分为多个地点来开展。

工作三　社会调查基地签约

要点提示

大学生社会调查实践基地签约流程一般有以下几个步骤。

一、考察论证

开设社会调查实践课程和开展社会调查实践活动的二级学院、系部、教研室或调查小组，应根据建设原则、要求和条件，结合师生开展社会调查实践的实际需求，有计划、有目的地选择符合要求的合作单位进行前期考察论证。

二、提出申请

开展社会调查实践活动的二级学院、系部、教研室或调查小组，填写《××学院学生社会调查实践基地建设申请书》（详见附件）提交到主管部门或领导。

三、复核考察

主管部门或领导在审核书面材料的基础上，联合申请单位进一步考察共建单位的基本条件，论证基地建设的可行性。

四、签订协议

通过复核考察，若满足社会调查实践基地建设要求，申请单位可与共建单位签订共建协议（详见附件）。

五、挂牌仪式

学校、申请单位、共建单位签署共建协议后，可择日举行基地揭牌仪式，为基地揭牌，并正式启动基地建设工作，为后续社会调查实践课程教学创造有利条件。

实践范例

　　2020 年 6 月 2 日，中国人民大学"千人百村"学生社会调研实践基地挂牌仪式在金顶镇人民政府、金顶镇箐门村举行，中国人民大学挂职兰坪县人民政府副县长宋彪、共青团兰坪县委书记彭美阳、金顶镇人民政府镇长张涛出席了挂牌仪式，中国人民大学社会实践生、镇村干部职工代表共三十多人参加了挂牌仪式。

　　宋彪指出，中国人民大学通过科学抽样的方法，在全国范围内抽取 100 个村（社），作为中国人民大学师生"千人百村"学生社会调研实践基地。金顶镇箐门村是中国人民大学通过科学抽样，在云南省选定的"千人百村"社会实践基地之一，旨在引导和动员广大师生通过走访农户，填写调查问卷等形式，深入基层，了解社情民意，接受传统教育，掌握贫困现状，分析贫困原因，提升实践能力。同时，中国人民大学"千人百村"社会实践基地调查结果，也将为中国农村经济发展、社会发展、文化发展及社会管理等方面提供理论数据支持。

　　据了解，"千人百村"社会调研活动主要围绕当前中国农村经济社会与文化发展的重大现实问题，中国人民大学每年组织学生利用暑假时间，以田野调查和入户社会调查为主要形式，以 3 名或 4 名学生为一个调研团队，深入全国范围内经科学抽样产生的行政村开展系统、规范的社会调研活动。

　　该社会实践活动引导学生了解农业生产、农民物质与文化生活、农村社会管理等方面的基本情况，并将政策宣讲、法律普及、文艺下乡等社会服务活动融入其中，全面提升学生的思想认识、意志品质和研究型学习能力。依托活动开展，建立调查数据库，支持师生开展科学研究，发布学术成果和智库成果，举行分享交流与研讨会，推动调研成果深度转化，服务国家和地方可持续发展。

　　（资料来源：微信公众号"沘江神韵人文金顶"，中国人民大学"千人百村"学生社会调研 实践基地挂牌仪式在金顶镇举行）

工作四　社会调查基地合作

要点提示

　　社会调查实践基地建设不能只停留在签约、挂牌和开展一次社会调查活动层面，而要致力于通过构建长效机制形成长期稳定的合作关系。

一、确定基地建设各方权利和义务

　　在建设社会调查实践基地的过程中应当贯彻互惠互利的原则，通过协议书的方式明确基地建设过程中各自的权利责任。在开展活动的过程中，着重选择有利于经济发展的项目，从而实现与高校之间的互动。

二、保证基地建设的长期稳定

　　贯彻合作共建原则，加强基地建设工作，特别是激发基地依托单位的积极性。

三、推进基地建设长效机制

在建设实践基地的过程中可以采取基地责任制和项目责任制。

（一）基地责任制

以班级、调查团队或者调查小组的形式，在学校已经建成的实践基地积极开展对接服务，明确2～4年的服务时间和责任，与基地形成一对一的服务关系，确定服务目标和考核办法。

（二）项目责任制

科学划分某一基地范围内所需要的服务项目，学生结合自身的能力和专业优势，选择可以胜任的基地服务项目，并确立目标责任。这样既有利于学生长期稳定开展社会调查实践工作，也有利于学生为基地提供持续的服务。

任务二　社会调查导师团队建设

任务描述

为提高参与社会调查实践的针对性和实效性，大学生社会调查实践需要配备由专业课教师、思政课教师、管理干部、行业专家、调查基地领导、专业技术工程师等组成的"实践导师"队伍。这支由不同年龄阶段、不同学科背景，工作经验丰富、热心学生工作的专家学者、社会精英、干部教师组成的"实践导师队伍"，着力将社会实践纳入学生思政教学、专业实践的过程考核，促进社会实践与学生专业学习的有机结合，培养学生的实践能力和创新精神。

要点提示

社会调查实践指导教师主要由校内理论导师和校外实践导师两类导师构成。"实践导师"深入学生、深入一线，把三尺讲台设在社区、农村，从思想动员、实践主题、活动组织、专业知识等环节对学生社会调查实践进行全程化、多方位指导。为此，对社会调查实践指导教师的选聘一定要严格认真，优中选优，全方面考核。

工作一　社会调查导师招募

要点提示

一、基本条件

（1）拥护党的基本路线，遵守国家法律和法规，热爱教育事业，爱岗敬业，具有良好的职业道德，爱护学生，身心健康。

（2）自愿接受聘任且能认真履行导师职责，有指导本科生开展社会调查实践和项目研究的能力，能按照社会调查实践课程教学大纲的要求指导学生完成社会调查实践任务，能按照学校校外实践教学有关规定完成教学任务。

二、校内社会调查实践导师应具备的条件

（1）具有高校教师资格，达到硕士研究生以上学历或讲师以上职称。

（2）能胜任社会调查理论课教学工作。

（3）具有与社会调查基地所属行业或社会调查选题对口或相关的专业学习背景。

（4）具有较娴熟的策划设计、组织管理、沟通协调社会调查活动的能力。

三、校外社会调查实践导师至少应具备以下条件之一

（1）在社会调查选题所属行业具有丰富的实践经验和良好的实务工作经历，具备较深厚的理论基础和丰富的实践经验，有较强的解决本领域实际问题的能力，在所工作的行业或单位取得比较突出的工作业绩。

（2）具有大学本科以上学历，且具有下列条件之一：中级以上专业技术职称或相应行业执业资格、中级以上职业资格证书、社会实践基地中高级管理人员。

（3）关心社会调查实践基地建设，能为社会调查实践基地建设提供资源和条件。

工作二　社会调查导师选聘

✎ 要点提示

社会调查实践导师选聘一般按照以下程序进行。

一、发出邀请或个人申请

社会调查实践导师选聘可以由二级学院、系部、教研室、社会调查项目小组结合选题、基地建设等情况，遴选校内外社会调查实践指导教师，发出邀请达成初步意向后，由本人填写并提交申请表和相关证明材料，基层教学单位签署意见后报相关管理部门及院校领导审批。

二、二级学院审定

二级学院对申请人的政治立场、意识形态、师德师风等进行审核，对存在问题的实行"一票否决"，对申请人的业务能力和指导社会调查实践能力等进行全面审核，召开党政联席会议研究拟定名单后报教务处、人事处、院长办公会、党委会审核通过后，备案并公示名单。

三、报送学校审核备案后聘任

学校公布校内外社会调查实践导师名单后，二级学院对实际承担指导社会调查实践任务的校内外导师颁发证书，予以正式聘任。校外导师聘期一般为三年。

工作三　社会调查导师管理

✎ 要点提示

为了进一步规范社会调查工作的管理，加强社会调查的指导力度，调动社会调查指导教

师的积极性和主动性，真正发挥其指导作用，需要加强指导教师管理。

一、指导教师的要求

（1）指导教师对社会调查工作应有明确的认识和高度的责任感，熟悉大纲所规定的课程目标、任务及内容，了解社会调查主题与基地情况。

（2）指导教师在社会调查期间必须认真履行指导教师的工作职责，原则上不再承担其他工作，如有冲突，由学院负责调整。

（3）能按实习大纲要求，结合社会调查主题、社会调查基地、社会调查计划等情况拟订所指导小组的实习指导计划。

（4）校内社会调查指导教师一般由教研室拟定人员安排方案，选定符合条件的教师担任，由二级学院（或系）党政联席会议或系主任教学工作会议审核确定后，于上一学期期末或最迟在本学期开学前下发授课任务书至指导教师。指导教师一经确定，不得随意更换。因特殊原因必须更换，须经教研室申报，主管教学院长签字同意。

（5）经学院批准聘任的校外导师，由学院颁发聘书，聘期一般为三年。学院聘任的校外导师由所在教研室具体负责管理。

二、指导教师的职责

（1）受聘指导教师应按照社会调查计划的要求，切实履行职责，完成指导任务，指导与督促学生按计划进行调查和专业实践，指导学生解决遇到的各种问题。

（2）指导教师应加强对学生的指导与督查，指导学生按照分工或所承担任务，制订并认真实施社会调查计划，编制调查研究提纲，撰写调查报告。

（3）督促管理学生遵守社会调查基地的各项规章制度，按学校的有关规定及时处理违纪、违规学生，并报告学院。

（4）关心学生的生活、工作和学习，全面负责学生的安全工作，大力加强学生的安全警示教育。

（5）在社会调查期间，原则上指导教师应随队管理，与学生同食、同宿、同调查。

（6）与社会调查基地指导教师共同做好社会调查成绩考核评定工作。

（7）做好社会调查指导记录，社会调查结束一周内，上交学院存档。

（8）社会调查结束后应撰写提交社会调查书面总结、指导社会调查工作的经验体会、对人才培养模式改革的意见和建议、优秀社会调查报告的推荐材料等。社会调查结束一周内，上交学院。

三、指导教师的考核

（1）指导教师的工作业绩，将作为评优及评职升级的重要依据之一。

（2）每位指导教师每届指导实习生的人数原则上为×人，最多不得超过×人。

（3）指导社会调查期间，每周计 5 个工作日，每个工作日计×学时。

（4）指导教师工作考核等级为优秀、称职和不称职三个等级。如果指导教师指导学时数没有达到学校考核规定的最低要求，或者没能认真履行指导教师职责，其考核等级为"不称职"，并与年度考核和职称评定挂钩，工作量按照实际指导实习工作的时间计算。

（5）在实习期间，学院不定期进行巡视督导。通过听取带队教师、基地单位及召开学生代表座谈会等途径，了解指导教师的工作实际情况，并作为对指导教师工作考核的重要依据。

（6）外聘指导教师必须遵纪守法，一旦发生违法违纪行为，立即终止受聘资格。聘任校外导师的二级学院负责受聘导师的考核，按照考核成绩档次支付相应报酬。

✎ **实践范例**

《中山大学新华学院校外导师聘任办法（试行）》

为有效利用校外人才资源，加强"双师型"教师队伍建设，进一步提高应用型人才培养质量，规范社会调查实践校外指导教师聘任和管理，结合我院实际情况，制定本办法。

一、聘任对象

因教学工作和人才培养的需要，各系部聘请的校外导师，必须是符合本聘任办法条件要求的校外单位在职人员。

二、聘任条件

（一）基本条件

（1）拥护党的基本路线，遵守国家法律和法规；关心教育事业，具有良好的职业道德；爱护学生，身心健康。

（2）具有丰富的社会实践经验和一定的理论水平，并具有相应的专业技术资格或职业资格，在所工作的行业或单位取得较突出的工作业绩。

（二）学历条件

取得国家承认的硕士研究生及以上学历，或本科学历并具有中级及以上职称。

三、聘任程序

（1）因教学需要，系（部）向教务部提出申请。填写《中山大学新华学院聘任校外导师审批表》（附件），并提交申请、个人简历、身份证、学历学位证书、职称或职业资格证书及其他证明材料复印件各1份。

（2）教务部初审相关资料。

（3）人事部审核并提出聘任意见。

（4）院长办公会议审定。

四、管理

（1）经学院批准聘任的校外导师，由学院颁发聘书，聘期一般为三年。学院聘任的校外导师由所在系负责管理。

（2）受聘人员聘期内应切实履行职责，完成指导学生的工作任务。

（3）受聘人员聘期内可使用受聘职务头衔开展与学院教育教学和人才培养有关的对外业务联系、学术交往活动。

（4）受聘人员必须遵纪守法，一旦发生违法违纪行为，即终止受聘资格。由所在聘任学系提出书面报告，并交人事部备案。

（5）聘任校外导师的系（部）负责受聘导师的考核，在每年6月30日前向人事部提交校外导师年度工作报告及工作考核情况。

五、本办法自发布之日起施行

六、本办法由人事部负责解释

《中山大学新华学院校外导师聘任办法（试行）的补充规定》

为充分发挥不同类型的校外导师在应用型人才培养中的不同作用，结合实际，对学院聘请的校外导师实行分类，现对《中山大学新华学院校外导师聘任办法（试行）》（中新院〔2014〕53 号）作如下补充规定：

一、学院聘请的校外导师分为高级校外导师和校外导师。

二、聘任条件。

（一）具有高级专业技术职务，或在企事业单位担任高层管理职务，在所属领域或行业具有一定影响力的，可聘为高级校外导师。

（二）具有中级专业技术职务，或取得国家承认的硕士研究生及以上学历，并在专业领域具有丰富实践经验的，可聘为校外导师。

总结与复盘

开展社会调查离不开相对稳定、配合默契、积极支持、友好合作、互利互惠的社会调查基地。因此，选择基地并建立培育良好的合作关系是社会调查课程取得良好效果的前提。此外，校内外导师的选任也是社会调查实践教学效果得以保证的重要因素。

即 测 即 练

自学自测　　扫描此码

问 卷 调 查

要抓调研，加强对重大改革问题的调研，尽可能多听一听基层和一线的声音，尽可能多接触第一手材料，做到重要情况心中有数。

——习近平《论坚持全面深化改革》，中央文献出版社 2018 年版，第 81～82 页

任务描述

以组为单位开展问卷调查，要求在入户访问问卷调查、街访问卷调查、网络问卷调查、留置问卷调查 4 种方式中选择至少 3 种开展问卷调查，要求实施调查过程中进行有效的质量控制，并写出调查报告。

◆ 根据调查主题、调查计划设计调查问题
◆ 根据调查基地与调查对象设计问卷调查方式
◆ 根据调查问题、问卷调查方式设计问卷结构
◆ 开展非正式调查，对调查问卷进行优化
◆ 应用多种问卷调查方式开展实地问卷调查
◆ 进行问卷调查总结

情景导入

对于"××市 60 岁以上老年人消费现状与需求调查"选题，已经完成了计划与准备，即将正式进入调查阶段，本次调查采用问卷调查的方式。问卷调查的内容包括问卷调查设计、问卷调查实施及问卷调查总结等任务。

任务一 问卷调查设计

任务描述

问卷也叫调查表、访问表格或询问工具，由一组从被调查者处获取信息的格式化的问题构成。问卷设计通常包括标题、问卷引言、问题、被调查者基本资料和编码设计。

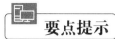

设计问卷时，要遵循以下三个准则：

（1）在对所调查的主题做了完整的思考后才能写下所需调查的具体问题。

（2）在编写每一个问题时，不断地考虑问题与所调查主题之间的关系。

（3）编写每一个问题时都需要解释一下从这些问题中所得到的信息对所要调查的主题有何帮助。

以选题"××市 60 岁以上老年人消费现状与需求调查"为例，一般而言，问卷设计环节，需要完成以下几项工作。

工作一 问卷引言设计

要点提示

问卷引言也叫说明词，许多被调查者在最初会有一些疑问，为什么被调查的是他们。因此，通过引言可以得到被调查者的重视，引发兴趣，促使他们对调查积极配合。一般而言包括以下几方面的内容：

（1）调查的内容和调查的意义。

（2）被调查者参与的重要性。

（3）信守保密。

（4）对问卷中问题的介绍。

（5）如果参与调查有相应的赠品，可以在引言中说明。

（6）表示感谢。

实践范例

您好，我们是××学院的学生，目前正在开展社会调查活动，对"我市 60 岁以上老年人消费现状与需求"开展调查，占用您大约 5 分钟的时间完成以下问卷，您的参与特别重要。您只需要根据实际情况或日常经验来回答，无对错之分，您所填内容只用来做学术分析，不会外泄信息，请您放心，谢谢您的参与！

工作二 被调查者的类型和特点问题设计

要点提示

被调查者的类型和特点是指问卷中的人口统计学信息，反映了被调查者的基本情况，例如性别、年龄、职业等信息，此类信息对于调查结果有显著的影响，因此，在设计问卷中需要考虑到影响被调查者信息的所有类型和特性。

✎ 实践范例

以"××市 60 岁以上老年人消费现状与需求调查"为例，影响被调查者的特点应该包括：性别、年龄、收入及子女情况。

1. 您的性别是（　　）。

A. 男　　　　　　　　B. 女

2. 您的年龄是（　　）。

A. 60～70 岁　　　　B. 71～80 岁　　　　C. 80 岁以上

3. 您的收入是（　　）。

A. 2000 元以下　　　B. 2000～5000 元　　　C. 5000 元以上

工作三　过滤性问题设计

✎ 要点提示

过滤性问题是用来明确下一步提问内容的问题，用来甄别合格的回答者。过滤性问题要求不能太多，不能让被调查者来回跳转，会让其失去耐心。假如只有一个过滤性问题，应放在有关分支问题之前，或者越近越好，尽量避免被调查者来回翻页。如果有多个过滤性问题，应该放在更为详细的问题前面。

✎ 实践范例

您现在的养老方式是（　　）。

A. 居家养老（跳转到居家养老部分）　　　B. 机构养老（跳转到机构养老部分）

工作四　单项选择问题设计

✎ 要点提示

单项选择类调查问题是指只有一个选项被选中，各选项之间是具有互斥性的，一般是用来反映被调查者的状态。单项选择调查问题可以分为两种题型：一种是有大于 2 个选项的，用来调查被调查者的切实情况或主观上更倾向于哪一个选项；另一种是只有 2 个选项的，即二分法，如：是或否、有或无。

✎ 实践范例

1. 您日常的消费支出主要是（　　）。

A. 自己购买为主　　　　　B. 子女购买为主（费用由子女承担）

C. 自己购买和子女购买占比差不多（费用各占一半左右）

D. 主要是他人帮助购买（如保姆、亲人）

2. 您是否使用网上购物 App（　　　）。

A. 是　　　　　　　　　　B. 否

工作五　多项选择问题设计

✎ 要点提示

多项选择题是指问题有 2 个或者 2 个以上的答案，一般情况下被调查者具有多个选择方案，有时候为了防止被调查者选择过于盲目，也可以要求被调查者选择最有意向的 3 个选项即可。

✎ 实践范例

1. 根据您日常消费情况，请您选出 3 项支出最大的消费行为。（　　　）

A. 饮食　　　　　B. 健康医疗　　　C. 养老服务　　　D. 外出旅行　　　E. 文化教育

F. 服装穿着　　　G. 其他_____

2. 对于目前的消费环境，您认为以下哪 3 项是最需要得到进一步改善的。（　　　）

A. 养老服务　　　B. 食品健康　　　C. 健康医疗　　　D. 文化娱乐　　　E. 外出旅行

F. 其他_____

工作六　量表类问题设计

✎ 要点提示

量表是测量的一个扩展方式，它是创建一个将被测物体进行定位的连续区间的过程，这样物体所具有的特征的测量结果就可以表示在这个连续区间上。例如，我们要测量消费者对某产品满意的程度，可以给不同的满意程度分配一个数字：1 分表示非常不满意，2 分表示不满意，3 分表示中立，4 分表示满意，5 分表示非常满意。测量就是根据某些规则将这些数字分配给被调查者。量表可以分为比较量表和非比较量表两种。

1. 比较量表

比较量表是要求被调查者对于测量的对象进行对比，例如可以问被调查者更喜欢线上购物还是线下购物。比较量表一般包括：配对比较、等级顺序比较、常量和 Q 分类。

（1）配对比较量表是指要求被调查者按照一定的标准和要求，在两个对象中选择一个，当比较对象大于两个时，可以采用成对两两对比的方式，把所有可能性的组合进行对比，最后统计每个对象被选中的次数。例如，将居家独立养老、和子女一起生活养老、社区养老进行两两对比，然后统计每一种方式被选中的次数。

（2）等级顺序量表是指要求被调查者按照某个共同标准进行排序的量表。

例如：对于社区推出的健康服务（社区食堂、日间照料），请对以下特性按照重要程度进行排序。（最重要的排1）

费用_____ 品质_____ 参与者_____ 工作人员_____

（3）常量和量表是要求被调查者把一个固定的评分（如100分）分配给几个对象，以反映其对每个对象的偏好。

例如：对于社区推出的健康服务（社区食堂、日间照料），按照重要程度请将100分分配给以下特性。

费用_____ 品质_____ 参与者_____ 工作人员_____

（4）Q分类量表是对60项以上的对象进行排序的量表，一般用在新产品开发中，在社会调查中几乎不使用，因此不举例说明。

2. 非比较量表

非比较量表不需要被调查者直接进行对比，被测量的对象是进行独立测量的，是社会调查中使用最为广泛的量表。非比较量表一般包括：连续评分量表、李克特量表、瑟斯通量表、语义差别量表等，其中使用最为广泛的是李克特量表。

（1）连续评分量表是被调查者给对象打分的一种方式。

例如：请您对目前的养老状态打分。

1—2—3—4—5

（2）瑟斯通量表和语义差别量表由于在社会调查中要求被调查者的理解力较强，因此使用很少，本章不再介绍。

（3）李克特量表要求被调查者指出自己在多大程度上同意或不同意对态度或对象所作的一些陈述。以下的实践范例就是李克特量表的一种应用。

✍ 实践范例

实践范例见表7-1。

表7-1 实践范例

相关内容	非常满意5分	满意4分	中立3分	不满意2分	非常不满意1分
日常购买的食品适合老年人					
购买食品方便性					
每次购买的食品质量					
目前健康医疗便利性					
健康医疗费用性价比					
健康医疗消费环境					
老年人目前的文化娱乐丰富性					
老年人外出旅游便利性					
文化娱乐的费用性价比					
对目前老年人消费整体满意度					

工作七　开放性问题设计

要点提示

开放式问题是一种只提问题，不给出答案选项，由被调查者根据自身实际情况自由作答的问题类型。其优点是能得到各种答案，这些回答不受预先规定好的答案类别的影响，缺点是大多数被调查者不太可能会做详细的回答。因此，开放式问题在一份问卷中一般只占很小的比重。

实践范例

1. 请您说出 3 个最需要提升的产品。

　　＿＿＿＿＿＿＼＿＿＿＿＿＼＿＿＿＿＿＿

2. 对目前老年人消费，请您提出相应的建议。

　　＿＿＿＿＿＿＿＿＿＿＿＿＿＿＿＿＿＿＿＿

工作八　问卷结构设计

要点提示

问卷格式是指问卷的实体外观形式。问卷格式的编排好坏会影响问卷是否吸引人，以及是否便于使用，因此，也会在很大程度上影响调查的质量。

问卷格式编排应注意如下几个问题：

（1）将问卷中的问题按所获得的信息类型分为几个部分，每个部分以序号标明。问卷所能获得的信息可分为基础信息、分类信息和标识信息。基础信息是与调研目标最为密切的问题；分类信息是指被调查者的社会、经济和人口统计信息；标识信息指被调查者的姓名、地址和电话号码等。

（2）应该对问卷本身进行编号。这样便于在现场对问卷进行审核。问卷的编号使得问卷的计数与确定问卷是否有缺失变得容易。

（3）问卷中的问题和答案选项都应该事先编码。这样便于数据的录入和检索。

（4）应避免为节省用纸而挤压卷面空间。多项选择题的选项应采用竖排形式。竖排虽比横排多占一些空间，但能使卷面简洁明快，一目了然，便于阅读和理解。问卷中的文字应该大而清晰，以减缓阅读疲劳。

（5）同一个问题及其答案选项应排版在同一页。这样可避免翻页对照的麻烦和漏题的情况。

（6）问卷的外表要力求精美。问卷应该用质量好的纸张复制。当问卷页数较多时，应该装订成小册子，这样便于携带和保存，且能使问卷显得庄重和专业。

✎ **实践范例**

××市 60 岁以上老年人消费现状与需求调查

您好，我们是××学院的学生，目前正在开展社会调查活动，对"我市 60 岁以上老年人消费现状与需求"开展调查，占用您大约 5 分钟的时间完成以下问卷，您的参与特别重要。您只需要根据实际情况或日常经验来回答，无对错之分，您所填内容只用来做学术分析，不会外泄信息，请您放心，谢谢您的参与！

1. 您的性别是（　　　）。

A. 男　　　　　　B. 女

2. 您的年龄是（　　　）。

A. 60～70 岁　　　B. 71～80 岁　　　C. 80 岁以上

3. 您的收入是（　　　）。

A. 2000 元以下　　B. 2000～5000 元　　C. 5000 元以上

4. 您日常的消费支出主要是（　　　）。

A. 自己支出为主　　B. 子女支出为主（费用由子女承担）

C. 自己和子女占比差不多（费用各占一半左右）

5. 您是否使用网上购物 App（　　　）。

A. 是　　　　　　B. 否

6. 根据您日常消费情况，请您选出 3 项支出最大的消费行为。（　　　）

A. 饮食

B. 健康医疗

C. 养老服务

D. 外出旅行

E. 文化教育

F. 服装穿着

G. 其他_____

7. 对于目前的消费环境，您认为以下哪 3 项是最需要得到进一步改善的。（　　　）

A. 养老服务

B. 食品健康

C. 健康医疗

D. 文化娱乐

E. 外出旅行

F. 其他_____

8. 您现在的养老方式是（　　　）。

A. 居家养老（跳转到 9. 居家养老部分）　　B. 机构养老（跳转到 10. 机构养老部分）

9. 居家养老部分（表 7-2）。

表 7-2 居家养老部分

相关内容	非常满意 5 分	满意 4 分	中立 3 分	不满意 2 分	非常不满意 1 分
日常购买的食品适合老年人					
购买食品方便性					
每次购买的食品质量					
目前健康医疗便利性					
健康医疗费用性价比					
健康医疗消费环境					
老年人目前的文化娱乐丰富性					
老年人外出旅游便利性					
文化娱乐的费用性价比					
对目前老年人消费整体满意度					

10. 机构养老部分（表 7-3）。

表 7-3 机构养老部分

相关内容	非常满意 5 分	满意 4 分	中立 3 分	不满意 2 分	非常不满意 1 分
食品适合老年人					
饮食营养丰富					
健康医疗便利性					
健康医疗费用性价比					
机构护理人性化					
健康医疗消费环境					
老年人目前的文化娱乐丰富性					
老年人日常交流					
生活比较丰富					
对目前老年人消费整体满意度					

11. 请您说出 3 个最需要提升的产品。

12. 对于目前老年人消费，请您提出相应的建议。

任务二　问卷调查实施

任务描述

根据本组选题，完成非正式调查环节后，按照调查计划，选定一定数量的样本开展问卷调查。

工作一 问卷调查方式设计

✍ **要点提示**

问卷调查根据被调查者的特点及其他方面的约束，可以选择的问卷调查方法有户访问卷调查、街访问卷调查、网络问卷调查、留置问卷调查四种方式。

（1）户访问卷调查是指调查者从被调查者中选择一些样本家庭，面对面进行问卷调查。这种调查方式不仅可以面对面交流，还可以直接观察被调查者，确保所提问题得到充分理解，回答率较高，且了解较为深入。户访问卷调查成本较高，且对调查者的综合素质也有较高的要求。

（2）街访问卷调查是在选定的场地对合适的调查对象进行拦截调查。这种方式比户访问卷调查的灵活性要强，成本相对较低，但是被调查者受到时间等因素影响，通常不会接受较长时间的调查，时间一般控制在5～10分钟。

（3）网络问卷调查是以网络为载体，通过网络问卷收集、整理、分析特定对象统计资料的一种调查方式，是当今使用十分广泛的一种问卷调查方式。其突出的优点是调查范围广，时效性强和成本低，缺点是被调查者回答问题的质量难以得到保障，且样本不一定是均衡的。

（4）留置问卷调查是指调查人员将调查表送到被调查者手中，并详细说明填写事项，由被调查者自行填写，再由调查人员定期回收的一种方式。该调查方式结合了面谈和网络问卷的优点，回收率较高，被调查者不受调查人员的影响，时间上有一定的保障，缺点是调查进度不易控制。

✍ **实践范例**

"××市60岁以上老年人消费现状与需求调查"问卷调查方式设计

由于被调查对象是60岁以上老年人，本次问卷调查以户访问卷调查、街访问卷调查、留置问卷调查三种方式为主，网络问卷调查为辅来开展，以下是每种调查方式的具体开展方式。

一、户访问卷调查设计

首先从××市各区选择一些社区，尽量选择一些老年人较为集中的社区，为了打消老年人的顾虑，通过拜访社区管理人员、物业管理人员等方式，选定出100户愿意参与户访问卷调查的住户，为了激励被调查者参与的积极性，可以通过馈赠小礼品的方式开展。

二、街访问卷调查设计

街访问卷调查是本次调查的主要方式，预计完成问卷300～400份。首先选定老年人较为集中的场所，例如公园、老年活动中心等。在街坊问卷调查中要注意选定较为合适的样本，避免抽取同一类型的样本，要注意各种特性样本的覆盖，同样，为了达到较好的配合效果，可以设置一些礼品馈赠。

三、留置问卷调查设计

留置问卷调查的关键是留置所在地的管理人员能否对被调查者起到动员的作用,因此，可以选择配合度较高的社区物业、养老机构等作为留置问卷的发放地，预计完成问卷 200 份。

四、网络问卷调查设计

网络问卷调查可以针对年龄相对较小的老年人，其对于网络问卷的填写较为熟悉，能够对问卷问题充分理解。因此，网络问卷调查时可以从身边熟人开展，然后通过滚雪球的方式向外传递。要注意不能盲目发送网络问卷，要确保被调查者有能力完成问卷且质量可以得到保障才能发放。该调查方式预计完成问卷 200～300 份。

工作二 非正式调查——问卷测试

要点提示

非正式调查是指在正式调查之前，选取一部分样本对问卷进行填写，通过被调查者的反馈，以及对收集数据的处理来测试问卷设计是否合理的过程。通过记录预调查过程中被调查者填写中遇到的各种问题，以及对预调查数据进行信效度的检验来进一步验证问卷的合理性。

实践范例

"××市 60 岁以上老年人消费现状与需求调查"非正式调查设计

为了能够更好地了解被调查者在填写问卷中遇到的问题，非正式调查的问卷调查方式采取户访问卷调查和街访问卷调查设计的方式开展。拟选定 10 户样本进行户访，结合 20 户的街访问卷调查，对调查中遇到的问题进行记录，对 30 个样本的数据进行信效度分析，如果信效度较低的话，查明原因后，对问卷进行修改。

工作三 问卷调查实施

要点提示

问卷调查实施是开展实地问卷调查的过程，是后期数据来源的保障，问卷调查实施质量的高低对后期的数据处理起着决定性的作用。因此，在问卷调查实施中，要对相关人员进行组织协调、分工合作，把控好时间安排，还要注意训练并提高调查人员的综合素质，包括沟通能力、心理素质、处理各种突发问题的能力。

实践范例

"××市 60 岁以上老年人消费现状与需求调查"问卷

实施时间：×月×日—×月×日，上午 8:30—11:30，下午 2:30—5:30。

实施地点：××市各社区、养老机构、公园等地。

组织方式：每组 4~5 人，共 10 组，每组要求完成问卷 100 份，其中要求完成户访问卷 10 份，街访问卷 40 份，留置问卷 30 份，网络问卷 20 份。

具体开展方式：每组可以根据任务要求，分工完成以上任务。

质量控制方式：首先要对面对面问卷调查进行拍照记录，然后每日上午 11:30 和下午 5:30 集中进行总结汇报，对调查过程中遇到的问题进行研讨，提出相应的解决方案。要求每日对当天的调查资料进行审查，及时发现有无误差。

任务三　问卷调查总结

任务描述

问卷调查总结是在问卷调查结束后，对整个问卷调查工作进行全面梳理总结的过程。调查结束后，对数据开展分析，并撰写总结报告。问卷调查实施结束后，以组为单位，以小组讨论的形式开展问卷调查总结，对各个阶段取得的成果及存在的问题进行归纳，完成总结报告。通过本次问卷调查的总结，今后在开展问卷调查时，对总结的不足要有针对性的提升和改进。

要点提示

通过对本次问卷调查的全过程总结，一方面形成调查结果和报告，另一方面可以评估本次调查的质量，对组织过程进行全面评价，为下一次调查提供经验。

实践范例

"××市 60 岁以上老年人消费现状与需求调查"问卷调查总结

本次问卷调查在 3 个基地开展实施，利用户访、街访、留置和网络问卷调查的方式，共计调查了 980 份问卷，抽样基本符合计划要求。问卷实施过程基本顺畅，参与调查的对象绝大部分能认真参与，调查结果较为真实。在调查过程中，发现部分参与者有不认真作答、隐瞒真实想法等情况，需要从以下几方面进行总结和提升。

工作一 计划与准备环节总结

✍ 要点提示

从实施结果来看，检查审视计划与准备是否充分，考虑是否周全，物料准备是否全面合理，与调查基地沟通是否充分等。

✍ 实践范例

从实施结果来看，计划与准备整体较为充分，问卷调查基本按照社会调查方案开展，调查过程较为顺利。但是也有部分细节考虑不周全，首先，调查期限虽然是按照归档的日期完成，但每个阶段由于受到各种因素的影响，和预期有所差异；其次，与调查基地事先沟通不充分，导致开展实施时被调查者人数不够，且对该调查不了解，部分人不能认真参与。

工作二 问卷设计总结

✍ 要点提示

通过调查实践，审视问题设计是否科学，调查方式是否合适，问卷结构设计是否方便适用，问卷信息是否完整全面。

✍ 实践范例

整体来看，本次问卷设计反映了调查的目的，问卷题量较为适中，题型较为丰富，较好地对应了调查主题。但个别题项较为敏感，例如涉及收入、养老满意度等题目。虽然问卷中的引言已经强调保密，但部分作答者依然存在顾虑，回答较为敷衍。因此，对于戒备心较强的被调查者，今后问卷设计的问题可以更为委婉，例如使用间接性和假设性的提问方式。

工作三 问卷调查实施总结

✍ 要点提示

反思问卷调查是否按照社会调查方案开展，调查过程是否顺利，实施过程是否有考虑不足的地方。

✍ 实践范例

问卷调查实施中，调查人员能够和大部分老年人开展较为顺畅的沟通，能对问卷中的疑惑进行解释，因此，获取了较为真实的调查结果。但也存在部分老年人迎合调查人员的情况，例如对于满意度调查全部选"非常满意"。对于此类情况，调查人员需要进一步和参与者说明调查客观性的重要性以及问卷选项无优劣之分，打消参与者的顾虑。

总结与复盘

本项目的实践围绕问卷调查开展，对调查前的问卷设计、问卷调查实施过程、调查后的总结等多方面开展个人总结；对该项目实践中各项工作完成情况进行评价；对自己需要提升的方面进行总结。

即 测 即 练

自学自测　　扫描此码

座谈调查

做好工作方案，一是情况要摸清，搞清楚现状是什么，深入调查研究，搞好基础数据测算，善于解剖麻雀，把实际情况摸准摸透，胸中有数，有的放矢。二是目的要明确，搞清楚方向和目的是什么，把握好手段，防止就事论事甚至本末倒置。三是任务要具体，搞清楚到底要干什么，确定的任务要具体化、可操作。四是责任要落实，搞清楚谁来干，做到可督促、可检查、能问责。五是措施要有力，搞清楚怎么办，用什么政策措施来办，政策措施要符合实际、有效有用、有操作性，让地方和相关部门知道怎么干。

——习近平 2016 年 1 月 26 日在中央财经领导小组第十二次会议上的讲话

任务描述

- ◆ 根据调查目的要求，设计一份座谈调查的提纲
- ◆ 根据座谈调查的要求，选择合适的座谈调查参与人员和主持人
- ◆ 根据座谈调查的要求，设计一份座谈调查的议程安排
- ◆ 能够实施座谈调查，包括能够建立融洽的气氛，能够充分开展讨论，能够收集到有价值的信息资料
- ◆ 完成一份座谈调查报告
- ◆ 开展座谈调查总结

情景导入

在社会调查实践中，除了发放问卷、访问这些比较通用的调研手段之外，组织座谈会也是获得一手资料的重要途径。所谓座谈会是由训练有素的主持人以非结构化的自然方式对一小群调查对象进行的访谈。其主要目的是从适当的整群样本（如一个社区、一个乡镇等）中抽取一部分人，以座谈会的方式把调查对象召集在一起，对其进行询问或引导其进行讨论来获取直接材料。

座谈调查可以分为座谈调查准备、座谈调查实施和座谈调查总结与报告三个部分。

实践范例

◇ 2023 年 7 月 20 日，西安工程大学"迈进新征程，逆龄新启航"暑期社会实践团赴陕西省延安市宝塔区人力资源和社会保障局进行关于"延安市在岗职工延迟退休意愿及其影响因素"的调研座谈。宝塔区人力资源和社会保障局党组副书记张翼、工资福利科科长尹红梅、科员李根与实践团全体成员参加座谈。

座谈会上，团队项目负责人赵洋分别从项目概况、团队概况、调研经历、预期成果及后期合作五个方面进行了汇报，实践团队长郑攀就此次调研过程中存在的问题与不足进行了简要说明，并对宝塔区人社局对此次调研的大力支持表示衷心感谢，实践团其他成员现场分享交流了调研过程中各自的收获和感受。

随后，宝塔区人力资源和社会保障局党组副书记张翼、工资福利科科长尹红梅、科员李根分别结合实际情况，对"在岗职工延迟退休意愿及其影响因素"表达了自己的看法，一致认为"渐进式延迟退休年龄政策"符合我国基本国情，最大限度保障人民权益。

（资料来源：公众号"宝塔人社"，2023-07-23）

任务一　座谈调查准备

　**任务描述**

以组为单位，根据座谈调查的主题，拟定座谈调查提纲，选定座谈调查的参与者和主持人，拟订座谈调查的议程安排，选定座谈调查场地，准备座谈调查物料。

要点提示

座谈调查准备是指在开展实施座谈调查前，对制定座谈调查的提纲、议程安排，以及确定参与者、主持人等环节进行准备的过程。

座谈调查准备中的每一个环节都十分重要，对实施座谈调查有较大的影响作用，因此，每一项工作都要认真对待。

实践范例

以选题"××市 60 岁以上老年人消费现状与需求调查"为例，一般而言，座谈调查准备需要完成以下几项工作。

工作一　制定座谈调查提纲

要点提示

座谈调查提纲是实施座谈调查的问题纲要，要依据座谈目的，合理确定座谈调查的所有主题，要注意合理安排讨论主题的顺序。座谈调查提纲的制定是为了让主持人成为讨论的控制者，能够对座谈有充分的把握。一般而言，第一个主题是建立友好的关系，解释小组中的规则，并提出讨论的主要客体内容。接下来的主题是围绕座谈目的，由浅入深地逐步展开，最后的主题是对整个座谈的总结性话题。

实践范例

"××市 60 岁以上老年人消费现状与需求调查"座谈提纲

一、座谈会目的

通过座谈来更深入了解××市 60 岁以上老年人的消费情况及遇到的各种问题，进而探讨老年人对消费产品的需求情况，更好地为相关企业提出建议。

二、座谈会规则

（1）自由发言。主持人提出问题后，不需要拘泥回答顺序，参会人员可以自主发言，自由真实地发表自己的看法。

（2）畅所欲言。参会人员不必介意自己的观点与众不同，没有必要因迎合别人的观点而放弃自己的想法，把大家请到这里来，就是为了让大家说出自己真实的想法。

三、座谈内容

（1）各位日常消费主要有哪些方面呢？

（2）对于饮食消费有哪些方面的建议吗？

（3）对于健康医疗消费方面有哪些支出及存在的问题？

（4）对于娱乐休闲方面的消费有哪些支出及存在的问题？

（5）您认为目前消费市场对于老年人是否友好？

（6）您认为目前消费市场在哪些方面需要进一步提升？

（7）您认为哪些产品是老年人有需求但市场无法满足的呢？

（8）对于今天讨论的话题，您还有哪些需要补充？

工作二　征选座谈调查的参与者

要点提示

座谈调查的参与者一般需要经过筛选，通常由 6～12 人为一个调查小组，成员要预先进行选聘，并满足某些限定的特性和条件，如年龄、性别、对调研主题的参与程度等。

对参与者进行分组，一般以某个参数是否同质为准，同质同组。总体而言，调查的主题越敏感或越复杂，参与小组座谈的人数就越少。参与者应该尽量普通些，如果没有必要，应该把有"专家"行为倾向的人排除在外，包括一些特殊职业（如律师、记者、讲师等）的消费者，因为他们很容易凭借自己的"健谈"过多占用发言时间，并且影响其他参与者，同时增加了主持人的控制难度。一般情况下，如果有专业人士参与其中，小组的人数规模通常是7～8人。组织者需向参与者支付一定的报酬和费用。

✍ **实践范例**

"××市 60 岁以上老年人消费现状与需求调查"座谈参与者选择

一、座谈参与者分组

该调查主题的调查对象是 60 岁以上的老年人，由于受到年龄、收入等因素的影响，因此座谈选择的对象分为几组：

（1）60～70 岁中低收入；

（2）60～70 岁高收入；

（3）70 岁以上中低收入；

（4）70 岁以上高收入；

（5）养老机构生活的老年人。

对以上 5 组参与者分别开展座谈调查。

二、甄选渠道

从问卷调查的对象中选出适合参加座谈调查的人员，通过事先沟通说明座谈调查的形式，了解其参与意愿，说明参与给予的相应报酬等内容，被选中的参与者如果同意参与，即被确认为座谈调查的参与者。

工作三　选择座谈调查的主持人

👆 **要点提示**

一名合格的主持人是座谈调查成功的关键因素，合格的主持人应该首先具备专业的调研知识，要对本次座谈调查的调查背景、调查目的、调查程序、分组情况了如指掌，要做好座谈前的准备工作。此外，主持人还应该具备以下能力：

（1）能够与参与者建立友好的关系，能够激发参与者的表达欲望，能够让参与者开展讨论。

（2）能够将座谈调查的相关规则及每一个问题表述清晰，能够让参与者充分理解每一个问题的内容。

（3）需要具备一定的组织能力和控场能力，能够和参与者进行良好的互动，能够合理有序地组织整个座谈过程。

（4）需要具备一定的应变能力，座谈调查过程中有可能出现一些预料不到的新观点，要求主持人能够迅速转换思维，灵活应对。

✍ 实践范例

"××市60岁以上老年人消费现状与需求调查"座谈主持人选定

考虑到本次座谈对象是老年人，在选定主持人的时候需要注意，除了具备座谈调查主持人应当具备的能力外，还要有耐心，能够和老年人进行良好沟通。因此，建议调查小组成员开展"优点大轰炸"，对本组每个人的优点进行总结，选出最佳人员，也可以选择一名主要主持人和一名辅助主持人。

工作四　座谈调查议程安排

✍ 要点提示

座谈调查议程安排是对开展座谈的时间、地点、流程等内容进行详细的规划和安排，这对有效开展座谈调查十分重要，因此，对每个方面都需细致准备。

一、时间的安排

座谈调查的时间安排既包括选定的时间点，即几点开始、几点结束，也包括时长。座谈调查的时间点要根据被调查对象的特点，选择在被调查者时间较为宽裕且精神状态良好的时间，一般适合选择在上午或晚上。座谈调查时长根据座谈讨论的内容来确定，一般要预留一定的时间进行讨论。因此，预计时长可以稍微宽裕一些，一般是在 1.5～2.5 小时。

二、地点的选择

座谈调查的地点通常是专门的测试室。这种测试室一般是一间会议室风格的房间，其中一面墙上装有一个大的单面镜，单面镜后面是观察室，在不会引人注意的地方装有录音或者录像设备，用来记录整个讨论过程。讨论室需要精心布置，通风且室温要适当，不能引起参加者的不适。

如果开展座谈调查没有专业的测试室，也可以在普通的会议室开展，采用直播或者录像的方式进行观察。

三、座谈调查的流程安排

座谈调查要根据事先准备好的提纲来开展，通常是主持人先介绍本次座谈的主题、座谈讨论的规则等，然后依照提纲的问题依次开展交流，对每个问题可以进行交流和总结发言。流程安排还需要注意最后的自由补充交流环节、总结环节。

实践范例

"××市 60 岁以上老年人消费现状与需求调查"座谈议程安排

时间：××月××日上午 9:00—11:00。

地点：测试室。

流程安排：

（1）组织参与者入场，熟悉场地。（10 分钟）

（2）主持人介绍座谈调查的主题、规则并解答参与者疑问。（10 分钟）

（3）依照提纲开展座谈讨论，针对问题，参与者可以自由发言，对每一个问题，所有的参与者都可以发表自己的观点，观点发表结束后进行 10 分钟的讨论和总结。（70 分钟）

（4）对所有问题的自由交流和讨论。（20 分钟）

（5）主持人总结。（10 分钟）

任务二　座谈调查实施

任务描述

座谈调查实施的工作重要而具体，包括布置座谈现场、主持座谈活动、调节座谈气氛、控制调查进程、确保进行充分的讨论，小组成员进行分工协作，全程录像，并做好座谈记录。

要点提示

座谈调查实施是开展座谈调查的过程，一般需要完成的工作有座谈现场的布置、开场建立融洽的气氛、座谈讨论、座谈调研会议记录、座谈结束 5 项工作。

实践范例

以"××市 60 岁以上老年人消费现状与需求调查"座谈调查为例，每项工作的开展具体如下。

工作一　座谈现场的布置

要点提示

座谈现场一般选择在专业的测试室或者普通会议室，座谈现场的布置包括座谈现场物品的准备、座谈现场座位安排等工作。

座谈现场的物品准备包括摄像机、座谈相关材料等，除此之外，为了让参与者能够尽快融入座谈，需要准备茶水、糖果等食物。

座谈现场座位安排，一般采用圆形或者方形的桌子，围绕主持人而坐。为了便于就座，可以提前摆好座签，可以将同类特性的参与者安排到一起，便于其更好地进行讨论。此外，还要注意摄像机不要对准某个人拍摄，要将摄像设备放在较为隐蔽的地方，以防参与者感到紧张不安。

会议开始前，应该确认被访者能否按时到会，如有意外，及时补充备选被访者。保证每场会议至少 8 人。

✎ 实践范例

"××市 60 岁以上老年人消费现状与需求调查"座谈现场安排

地点：社区会议室。

物品：座谈主题介绍材料、摄像机、茶水、水果。

座位安排：方形桌，主持人在中间，两侧各 5 人。

具体如图 8-1 所示。

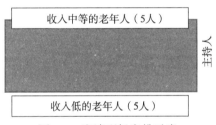

图 8-1　座谈现场安排示意

工作二　开场建立融洽的气氛

✎ 要点提示

开场建立融洽的气氛是为了能够更好地激发被调查者参与的热情，可以通过以下方式开展：

（1）主持人要给参与者留下良好的第一印象，需要注意穿着，要遵守礼仪规范。

（2）应本着诚挚、合作、轻松而又认真的态度。

（3）可以通过一些暖场话题来营造气氛，例如一些共同关注的话题等。

✎ 实践范例

"××市 60 岁以上老年人消费现状与需求调查"建立融洽气氛的方式

由于参与者都是 60 岁以上的老年人，首先可以给老年人准备一些健康的食品，例如保健茶水、健康零食等。其次，主持人需要对参与者表示尊重，展示出真诚的态度，可以和老年人聊一些健康保养的话题。最后，可以让参与者进行自我介绍，介绍中主持人可以适当进行夸赞。

工作三　座谈讨论环节

✍ 要点提示

座谈讨论环节是座谈调查实施的重点和关键环节，在此环节要围绕提前拟订的座谈提纲开展讨论。为了能够充分从座谈调查中获取信息资料，该环节有以下注意事项：

（1）主持人需要把每个问题表达得准确、清晰，避免参与者产生误解，如果发现参与者对问题理解有偏差，可以及时进行纠正。

（2）要保持座谈始终围绕主题开展，主持人要善于把握节奏，避免座谈讨论离主题较远。如果讨论出现了偏离主题的现象，要能够及时拉回主题。

（3）要做好小组成员之间的协调工作，鼓励小组成员能够畅所欲言，避免出现冷场。如果一开始发现参与者比较拘谨，主持人可以通过轻松的话题让参与者放松，或者先选择一些活跃的参与者发言，以此来鼓励其他人积极参与。

（4）避免出现"一言堂"——由某个参与者把控全场，要对每个人的发言进行适当的限制，强调每个人都参与进来。

（5）要做好会议记录。

✍ 实践范例

"××市60岁以上老年人消费现状与需求调查"座谈讨论环节

首先，主持人介绍今天讨论的几个话题，由于刚开始参与者还有点儿拘谨，第一个问题先规定了发言顺序。

1. 各位日常消费主要有哪些方面呢？

按照顺时针顺序，参与者依次轮流发言，由于该问题较为简单，主要集中在饮食、健康医疗、旅游休闲、穿着等方面，排在后面的参与者表示和前面回答一致。主持人对该问题进行小结。

2. 对于饮食消费有哪些方面的建议吗？

第二个问题采用逆时针顺序发言，其间参与者对于新闻曝光的饮食健康较为感兴趣，为避免参与者对相关新闻过度讨论，主持人及时进行总结，并开展其他饮食消费方面的讨论。

……

1小时20分钟后，所有的问题已讨论完毕。主持人首先对各位的积极讨论表示感谢；其次，赞扬各位参与者表达准确，关注问题较为深入，提出的建议也很有价值；最后，请各位参与者对本次座谈主题整体开展自由讨论。

工作四　座谈调研会议记录

✎ 要点提示

做好调研的会议记录，需要注意以下几方面工作。

一、做好准备工作

准备工作就是提前了解调研主题和会议内容，明确会议涉及哪些知识点和专业领域知识。这样做便于提前进入会议记录的高度集中状态，提高会议记录效率以及对现场突发情况的灵活应变能力。

二、记录会议的组织情况

会议记录需要注明会议的基本组织情况，包括会议名称、会议时间、会议地点、参会人员、主持人姓名、记录人姓名、备注等 7 个基本组成部分，有些重要会议还要注明会议的起止年月日。

三、记录会议的内容

这是会议记录的重要组成部分，要写好这一部分需要做到以下三点。

（1）会议组织情况。要写明会议名称、时间、地点、出席人、列席人、主持人、记录人等。

（2）会议动态。写明发言人的姓名，发言的内容，包括讨论的内容、提出的建议。发言中的插话、临时中断（休会）以及会场重要情况等，都要详细记录。

（3）在会议全部内容写完之后，另起一行写"散会"或"结束"两字。重要的会议记录，要有主持人和记录人在正文结尾右下方签字。

四、会议记录的写作要求

会议记录要求准确、真实、清楚、完整。记录人员应当以严肃认真的态度，秉持客观中立的原则，记录发言人的原意，重要的地方应记原话，不得任意取舍增删。

会议记录使用的工具：会议记录可采用规范的会议记录本或记录纸，使用灌注有蓝墨水的钢笔或经国家档案局鉴定可用于档案书写的圆珠笔。当然，现在很多人都使用办公软件进行电子版会议记录，此处不再重点强调用纸笔的问题。

五、会议记录的技巧

一般说来有四条：一快、二要、三省、四代。

一快

在信息时代，指打字速度要快，记得快。这个可以通过日常的电脑打字训练进行培养，也可以充分使用手机的录音功能、录音笔以及"黑狐提词""微转写"等小程序或

App 提高会议记录效率。

二要

即择要而记。要围绕会议议题、会议主持人和主要领导发言的中心思想、与会者的不同意见或有争议的问题、结论性意见等做记录。就记录一个人的发言来说,要记其发言要点、主要论据和结论,论证过程可以不记。就记录一句话来说,要记这句话的中心词,修饰语一般可以不记。

三省

即在记录中正确使用省略法。如使用简称、简化词语和统称;省略词语和句子中的附加成分,比如"但是"只记"但";省略对调研结果影响不大的成语、俗语、熟悉的词组、地方方言词汇等;对于调研过程中的长难句,只记录核心部分,句子的其他部分画一曲线代替;省略引文,记下起止句或起止词即可,会后查补。

四代

即用较为简便的写法代替复杂的写法。一可用姓代替全名;二可用笔画少、易写的同音字代替发言人讲话过程中模糊不清的吐字或部分方言词汇;三可用一些数字和国际上通用的符号代替文字;四可用汉语拼音代替记录者没有听清听懂的语句或方言词汇;五可用外语符号代替某些词汇;等等。但在后期整理过程中需要做到内容的高度还原,若出现漏听漏记以及一些实在难懂的地方方言,可以按照自己的知识储备和理解转化成自己的语句,或请教来自当地的老师同学,但依然要保持客观真实。

工作五　座谈结束环节

✎ 要点提示

座谈结束环节是指各位参与者对于座谈主题所要表达的内容已经基本结束,座谈所有的问题已全部讨论完毕,自由讨论发言也进行了较为充分的表达。此时,主持人就可以进行总结,并宣布座谈调查结束。

✎ 实践范例

"××市 60 岁以上老年人消费现状与需求调查"座谈结束环节

在最后自由讨论环节,当观察到所有的参与者均已表达完毕,且讨论从激烈慢慢趋向缓和,各位参与者没有新的观点呈现时,主持人可以宣布自由讨论时间马上快到了,询问参与者是否还有新的观点没有表述。

自由讨论结束后,主持人可以对本次座谈进行整体总结,对参与者表示感谢,然后宣布本次座谈结束,并发放相应的报酬和礼品。

任务三 座谈调查总结与报告

 **任务描述**

座谈调查工作全部结束后，调查小组要对整个座谈调查过程进行总结，并撰写调研报告。

实践范例

以选题"××市 60 岁以上老年人消费现状与需求调查"为例，开展完座谈调查后，一般而言，开展座谈调查总结，需要完成以下几项工作。

工作一 编写座谈调查报告

要点提示

编写座谈调查报告，首先，要分析资料和数据，通过回顾和分析访谈情况，检查记录是否准确、完整，是否需要其他方法继续深入调研。其次，根据需要做必要的补充调查，对一些关键事实和重要数据进一步查证核实。最后，编写座谈调查报告，包括解释调研目的、调查的主要问题、访谈过程、总结发现及提出建议。

实践范例

"××市 60 岁以上老年人消费现状与需求调查"座谈调查报告（第一组）

一、座谈调研目的

通过座谈，深入了解 60 岁以上老年人的消费现状，探讨老年人目前在饮食、健康医疗、娱乐休闲等消费方面存在的问题，并提出相应的预期，进而探讨老年人消费的需求。

二、座谈调研问题

本次座谈设计了 8 个问题，遵循从浅到深的方式，从一般到具体。首先了解老年人的消费现状，发现老年人在消费中遇到的困难，然后探讨具体的需求产品。具体问题如下：

（1）各位日常消费主要有哪些方面呢？

（2）对于饮食消费有哪些方面的建议吗？

（3）对于健康医疗消费方面有哪些支出及存在的问题？

（4）对于娱乐休闲方面的消费有哪些支出及存在的问题？

（5）您认为目前消费市场对于老年人是否友好？

（6）您认为目前消费市场在哪些方面需要进一步提升？

（7）您认为哪些产品是老年人有需求但市场无法满足的呢？

（8）对于今天讨论的话题，您还有哪些需要补充？

三、座谈调研过程

主持人提出暖场的问题后，参加的老年人均较为积极。第1个问题提出后，每个人均回答了自己的消费内容，主要集中在饮食、健康保健、旅游消费、穿着，还有部分老人表示自己在补贴子女生活方面有消费，子女也会给自己购买物品。第2个问题提出后，老人们对目前的饮食安全表示关注，对于蔬菜水果的农药残余、外出就餐的高油高盐以及外卖的隐患等表示较大的关注和担忧。对于第3个问题"健康医疗的支出"，座谈中，老人表示该部分支出是老年人较大的一部分开支，目前医疗方面存在费用较高、医疗资源拥挤以及就医不便等问题。对于第4个问题，在娱乐休闲方面，不同的参与者观点有较大的差异，有的老人表示自己会定期外出旅游，也有部分老人表示自己娱乐休闲较为匮乏。娱乐休闲存在的问题主要是社区的老年活动中心较少且项目较少。对于第5个问题"对目前消费市场的评价"，老人有较大的分歧，部分老人表示目前消费市场对老年人也比较友好，很多场合都有老年人优先，自己感觉比较满意，但也有老人表示，目前的消费市场对老年人存在部分不诚信行为，例如保健品市场存在夸大功效的嫌疑。此外，老人消费时无法区分产品的好坏，处在劣势方；有老人认为目前的护理费价格较高。对于第6个问题，消费市场需要提升的方面，意见主要集中在希望能够更多地推出一些专门针对老年人的健康产品，包括饮食、保健、护理、休闲娱乐等方面，此外，希望能够增强消费市场的透明性和客观性，让老年人了解更加客观的信息。对于第7个问题，关于目前有需求但市场无法满足的产品，老人主要提到对养老的需求，座谈的老人大多只有1个子女，老人表示希望能够推出较为平价的养老服务。对于第8个问题，大部分老人表示没有补充，也有老人表示随着我国老龄化人口的增加，希望养老产业推出相关产品时能够关注各层次的老年人，不能只满足高端需求，希望针对中低收入水平老年人的需求也推出一些物美价廉的产品。

四、座谈调研总结

通过本组的座谈发现，老人对日常的消费需求主要集中在饮食、健康保健和旅游消费几个方面。对于饮食健康较为关注，希望能够有绿色的健康饮食。对健康保健关注度也十分高，希望增强就医的便捷性。旅游消费方面，有经济能力的老人还是比较愿意外出旅游的。对于目前的消费市场，希望增强透明性，让老年人有更为科学的平台进行学习。对于需求的产品，老人最关注的依然是养老问题，希望推出更适合老年人的相关产品，能有较平价的养老服务。

五、决策建议

通过本次座谈调查，希望养老行业能推出更好的养老产品，同时要打造老年人信息交流平台，要公平、透明、科学地开展老年人的相关培训，同时希望能够关注平价养老产品的研发。

工作二　座谈调查工作总结

✎ 要点提示

对每个环节开展复盘，对本次座谈开展评价，对成功的举措进行归纳，对不足的地方进行反思并提出改进措施。

✎ 实践范例

"××市 60 岁以上老年人消费现状与需求调查"第一组座谈调查工作总结

经过精心准备，本次座谈调查较为顺利，达到了预期目的，获取的资料有较大价值，在准备和实施两个阶段，主要有以下两方面的经验和教训。

一、准备阶段

座谈调查准备环节，对于提纲的拟订较为符合主题，但是对老年人需求的一些具体产品准备不足，例如辅助老人行走的轮椅、老年人关注的具体品牌等没有涉及，这方面需要加强。参与者是从前期问卷调查中进行筛选的被调查者，主持人、议程等安排较合理。

二、实施环节

座谈调查气氛较为活跃，参与者能够踊跃讨论，每个问题讨论比较全面，获取了较为有价值的信息。但座谈调查中存在人云亦云的现象，部分参与者容易被别人的观点带动，无法确定是否表达了自己的真实想法。对此，可以开展"一对一"的深度访谈来进行验证。

总结与复盘

本项目围绕座谈调查开展，需要完成座谈调查前的准备、座谈调查实施、对座谈调查进行总结 3 项任务。对该项目实践中自己的各项工作完成情况进行评价，对自己需要提升的地方进行总结。

即 测 即 练

自学自测　　　　扫描此码

走 访 调 查

要提高调查研究能力，坚持问题导向，深入实际摸清真实情况，集合众智提出解决办法，努力使对策建议有的放矢、切中要害。

——习近平 2014 年 9 月 21 日在庆祝中国人民政治协商会议成立 65 周年大会上的讲话

◇ 任务描述

走访调查是社会调查常用的一种收集资料的方式，需要根据社会调查计划制订走访调查计划，实施走访调查，注意访谈语言和技巧的运用，调查结束后，还要撰写走访调查总结。

◇ 情景导入

根据社会调查主题与计划，实施问卷调查收集到一些常规信息之后，如果还想了解更为深入的情况，以及一些未曾考虑到的情况，则需要实施走访调查。走访调查是一项颇具挑战的工作，由于是面对面交谈，对访谈者的综合素质、语言表达能力、人际交往能力有较高的要求，还需要访谈者有面对陌生环境、陌生人的勇气。因此，走访调查对访谈者的锻炼极大。

任务一　制订走访调查计划

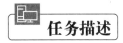
任务描述

由于走访调查有较高的要求和一定的难度，在调查前应制订完整的走访调查计划，以利于调查的顺利实施。

要点提示

走访调查是访谈者通过深入实地以口头交谈的方式，从受访者那里收集有关社会情况或探讨社会问题的第一手资料的调查方法。走访调查计划一般包括以下内容：

（1）访谈目的、必要性和可行性的说明。

（2）具体访谈内容提纲。

（3）对访谈对象的说明。

（4）对访谈时间和地点的说明。

（5）对访谈记录方式的说明。

（6）对访谈资料整理和初步分析的说明。

（7）对访谈所需要的资金和其他物质条件的说明。

（8）对访谈中可能存在的信度和效度问题的说明。

 实践范例

以选题"××市 60 岁以上老年人消费现状与需求调查"的社会调查计划为基础，制订走访计划。

工作一 明确走访对象

要点提示

确立调查的目标，明确研究问题和调查对象，确定调查的范围和时间。

实践范例

以选题"××市 60 岁以上老年人消费现状与需求调查"为例，确定走访调查的目标和研究设计。

（1）了解老年人的消费习惯：通过走访调查，探索××市 60 岁以上老年人的消费行为和习惯，包括他们在日常生活中的消费选择、购物偏好、消费频率等。

（2）探索老年人的消费动机和需求：了解老年人在消费时的动机和需求，包括对特定产品或服务的需求程度，满足基本生活需求和个人兴趣爱好等方面。

（3）分析老年人的消费问题和挑战：探讨老年人在消费过程中可能遇到的问题和障碍，如收入限制、产品适应性、购物环境的障碍等，以及他们对解决这些问题的需求。

（4）了解老年人对产品和服务的意见和建议：通过走访调查，收集和记录老年人对产品和服务的意见、建议和改进方向，以提供给相关企业、政府或社区组织参考。

（5）探索老年人的消费态度和观念变化：了解老年人对消费的态度和观念的变化，如对品质、价格、健康和环境等方面的关注和需求。

工作二 制订走访调查方案

要点提示

制订走访调查方案，包括调查地点、样本规模、调查时间、调查工具等。

✍ 实践范例

针对选题"××市60岁以上老年人消费现状与需求调查",制订以下走访调查方案:

(1)调查地点和样本选择:确定调查范围为××市,根据需求确定样本规模和选择方法,可以采用随机抽样或者便利抽样的方式选取调查对象。

(2)调查时间和持续周期:确定走访调查的时间段,可能需要考虑到老年人的活动时间和可用性。考虑到样本数量和资源限制,以及实际情况,确定调查的持续周期,可以是几天、几周或几个月。

(3)培训调查员:对走访调查员进行培训,确保他们了解调查目的、方法、调查工具的使用,熟悉走访礼仪和面对面访谈技巧,以确保数据的准确性和质量。

(4)编写调查问卷或指南:根据研究问题,编写结构化的调查问卷或面谈指南,包括相关的主题和问题。确保问题清晰明确,覆盖调查目标所需的内容,包括消费习惯、需求、意见和建议等。

(5)调查流程和进度安排:明确调查员的走访流程和调查进度,包括走访时间段和地点,确保合理安排和高效率地走访调查。

(6)数据记录和整理:调查员在走访过程中记录和整理得到的数据,可以使用纸质问卷或电子设备记录,确保数据的保密性和准确性。

(7)数据分析和结果报告:对走访调查收集到的数据进行分析,可以采用统计分析方法或内容分析方法,得出相应的结论和发现。撰写结果报告,呈现调查结果和建议。

(8)管理和监督:建立管理和监督机制,确保走访调查的质量和准确性。定期与调查员进行沟通与反馈,解决问题并提供必要的支持。

在进行走访调查时,需要密切关注伦理原则,尊重被调查者的权益和隐私,确保数据的保密性和安全性。此外,根据实际情况调整调查计划,并采取适当的数据收集和分析方法,以确保调查的有效性和可靠性。

工作三 调查员培训

✍ 要点提示

对调查员进行培训,包括调查流程、调查工具的使用方法、走访礼仪、问题解答技巧等。

✍ 实践范例

针对选题"××市60岁以上老年人消费现状与需求调查"的走访调查,对走访调查员培训的重点内容如下:

(1)调查目的和研究问题:介绍调查的目的、重要性和背景,确保调查员理解和认同调查的目标,并能准确把握研究问题。

(2)走访调查流程和技巧:明确走访调查的流程,包括前期准备、走访方式、访谈技巧和调查结束后的总结和整理。培训调查员掌握面对面访谈的技巧，如建立信任、提问技巧、倾听和观察能力等。

（3）调查问卷或指南的使用：介绍调查问卷或面谈指南的内容、目的和使用方法。培训调查员熟悉问题的顺序和逻辑，灵活应对被调查者的回答情况，并能根据需要进行追问和深入探究。

（4）走访礼仪和沟通技巧：重点培训调查员的沟通技巧和走访礼仪，确保他们能与被调查者建立良好的沟通和互动关系。包括礼貌待人、尊重他人意见、保持中立和专业等。

（5）数据记录和保密性：讲解数据记录的要求和方法，包括纸质记录或电子记录的使用技巧。同时，强调调查员要保护被调查者的隐私和个人信息，并遵守相关法律和规定。

（6）管理和监督：介绍调查管理和监督的要点，包括与调查员的沟通、问题解决和反馈机制。确保调查员明确自己的责任和任务，并提供必要的支持和指导。

任务二　实施走访调查计划

任务描述

掌握走访调查的基本流程：接近受访者、提问与记录、倾听与回应、引导与追问、结束访谈等五个环节。注意领会每个环节的技巧和细节。

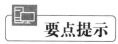

要点提示

走访调查包括接近受访者、提问与记录、倾听与回应、引导与追问和结束访谈五个阶段。

工作一　接近受访者

✍ **要点提示**

在与受访者进行初次接触时，访谈者首先需要获得受访者的信任。一般情况下，访谈者可以采取三种方式接触受访者。第一种方法是引见式，请一位与受访者相熟的人引见，通过第三方的帮助提高受访者对调查人员的信任度。第二种方法是正面式，在没有人引见的情况下，开门见山，采取自我介绍的方式获得对方的理解，必要时还可以出示相关证件来表明自己的身份，打消对方的疑虑。第三种方法是预约式，通过电话、手机短信、微信等方式预约或当面预约。

此外，还有互动式，通过与受访者的互动来接近，如共同乘车、就餐、参加聚会、开会等形式完成初次接触，给对方留下良好的初次印象，为进一步接触访谈打下基础。

还有利用共同的爱好、兴趣或者共同关注的问题建立信任关系，如同乡、校友、共同的经历等都可以成为初次交谈的话题。

工作二　提问与记录

要点提示

一、提问

（一）问题的类型

提问的问题大致可以分为两种类型：一种是实质性问题，另一种是功能性问题。

实质性问题是指为了了解受访者的一些实际情况提出的问题。包括事实方面的问题，如姓名、年龄、职业等；行为方面的问题，如"您喜欢旅游吗？"观念方面的问题，如"您如何看待大学生逃课现象？"情感和态度方面的问题，如"您愿意去边疆地区工作吗？"

功能性问题是指在访谈过程中，为消除受访者的紧张情绪，加快访谈进程而提出的问题。包括接触性问题，如"您近来身体好吗？"试探性问题，如"您经常网上购物吗？"过渡性问题，如"您工作非常忙，回到家里能休息休息吧？"检验性问题，如先问："您对现在的居住条件满意吗？"经过一段谈话后，再问："您打算另外买房吗？"这样两个问题的回答，可以相互检验，验证回答的真实性和可靠性。

（二）提问方式

提问的方式可以多种多样，或开门见山，直抒胸臆；或投石问路，巧妙试探；或顺水推舟，顺势而为；或借题发挥，迂回前进；或顺藤摸瓜，步步为营；或抽丝剥茧，层层深入；或循循善诱，寻找突破；或旁敲侧击，静待其变。这些提问的方式要与问题本身的特性相联系，要考虑受访者的具体情况，以及访谈双方是否建立起信任关系。如问题比较敏感，就应谨慎小心，投石问路；反之，则可大胆提问。如受访者心直口快，则可以开门见山；反之，则要循循善诱。

提问的语言要做到"一短四化"。"一短"是指提问的言语要短，但要明确而具体。"四化"是指提问的语言应通俗化、口语化、亲切化和尽可能地方化，避免使用"官话""套话"和口号式的语言。

二、记录

记录的内容不仅包括受访者对提问的回答，还包括受访者的非语言信息，以及访谈进行的时间和地点。记录的方式可以分为笔记和设备记录两种。

（一）笔记

笔记是走访调查中最常用的记录方式，具体可分为三种：速记，是用简称、缩略语或符号将受访者的回答全部记下来，待访谈结束后再进行整理的方式；详记，是在访谈过程中使用文字将访谈全过程完整地记录下来的方式；简记，则只记录一些有必要的、重要的访谈内容。访谈者根据具体情况选择合适的笔记方式，笔记的局限性在于记录的

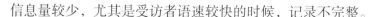

信息量较少，尤其是受访者语速较快的时候，记录不完整。

（二）设备记录

设备记录是指借助设备工具完成对访谈内容的记录。设备工具包括录音笔、录音机、录像机、照相机和手机等。一般情况下，访谈者在征得受访者的同意后方能使用设备工具。使用设备记录的优点是访谈者可以专注于访谈，访谈记录完整，并对受访者的非语言信息进行观察和识别，有利于掌握全面的信息。

工作三 倾听与回应

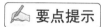

一、倾听

（一）听与倾听

国际倾听协会对倾听的定义：倾听是接收口头及非语言信息，确定其含义和对此做出反应的过程。从定义可知，倾听用到了多种感官捕捉沟通信息，这些综合信息被大脑分析后，沟通双方可以用来判断对方的真实意图。"听"只用了一种感官，信息的获取量少于"倾听"，因而对沟通而言，"听"的效果不如"倾听"。走访调查既有提问，也有倾听，甚至倾听的作用更大一些。

（二）非语言信息

非语言信息包括手势、表情、目光、肢体动作等。有研究显示，在人际交往中，信息的传递有 70% 都依靠非语言信息交流完成。因此，在走访调查中，要特别注意观察受访者在回答问题过程中的表情、眼神、手势以及肢体表现，通过观察这些非语言信息来获得一些受访者潜藏的信息，或据此判断受访者回答的真实性。

二、回应

回应包含无反射回应和反射回应。

（一）无反射回应

即对受访者的回答不插话、不表态、不干扰，保持沉默。在受访者条理清晰地回答问题时，或为了回答问题而努力回忆时，或受到情绪影响沉默时，访谈者最好做无反射回应，此时无声胜有声，实际上是告诉受访者"您回答得好，请继续讲下去"。

（二）反射回应

包括语言行为回应和非语言行为回应。语言行为回应有：鼓励性语言反应，如"嗯！""对！""是吗？"等语言信息鼓励对方继续说下去；复述性语言回应，即对人名、地名、时间、数据或重要观点的回答，进行复述，请受访者核实，既可以检查自身理解是否正确，又有助于厘清受访者的思路；共情或引导性语言回应，即通过对受访者的经历、感受表示感同身受，使受访者产生被理解和被信任的感觉，进一步引导受访者谈下去。非语言行为回应，即用目光、表情、手势等肢体语言和空间距离等方式鼓励对方继续讲下去。

工作四 引导与追问

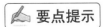 要点提示

一、引导

引导一般发生在受访者不理解或没有听清访谈者问题的情况下。引导与提问不同，它不是提出新问题，它是提问的延伸或补充，是访谈过程中不可缺少的环节或手段。

一般来说，当受访者对所提问题理解不正确，答非所问时，就应用对方听得懂的语言去做解释和说明。当受访者犹犹豫豫，欲言又止时，就应摸清受访者的顾虑，对症下药。当受访者一时想不起有关信息时，就应从不同角度帮助其回忆。当受访者漫无边际、离题很远时，就应采取恰当方式，将话题引回调查。当访谈过程被迫中断或从一个主题转向另一个主题重新开始时，就应简略回顾一下前面交谈的情况，复述一下尚未回答的问题。总之，当访谈遇到障碍或偏离计划的时候，就应及时引导。

二、追问

在访谈中，追问是一种不可缺少的手段。追问不是引导，也不是提出新问题，而是对已谈过的问题中不清楚的内容再次询问。追问一般发生在访谈者无法准确理解受访者的回答时。具体来说可能有以下几种情况：当受访者出现前后矛盾的回答时；当受访者的回答不够完整时；当受访者的回答不够具体或准确时。

追问的方式应随着具体情况而有所变化。追问的方式有：直接追问，指对受访者提出疑问，请受访者对回答不完整或没有表述清楚的地方进行补充回答；迂回追问，是通过提问其他相关联的问题，或换一种思路来获得没有完全解答的问题的答案；系统追问，即何时、何地、何人、何事、何因、何果等方面系统地追问；补充追问，只追问那些没搞清楚、需要补充回答的问题；重复追问，即对前面已经回答过的问题，到后面再追问一次，以检验前后回答是否真实一致；激将追问，即试探在引起对方反感的情形下，对方有何表现、作何反应；当场追问，一般都是针对一些简单的问题，可以在受访者回答完之后立即请求其再作一次回答，而对于一些相对复杂的问题，为了不打断访谈的节奏，可以先行记录，在访谈后期进行集中追问。

追问一定要适当，遵循适时与适度的原则。所谓适时，是指追问一般应放在访谈的后期进行。所谓适度，即追问以不伤害受访者的感情为原则。

工作五 结束访谈

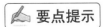 要点提示

一、掌握访谈时间

要判断访谈是否应该结束，访谈者需要把关三个问题：一是问题是否问完，二是回

答是否令人满意，三是有无必要继续谈下去。访谈者要善于察言观色、随机应变、灵活处理访谈时间。具体的访谈时间不宜过长，街头访谈控制在 10 分钟以内，入户访谈控制在 20～30 分钟为宜，深度访谈控制在 1～2 小时以内。访谈者一旦发现访谈气氛发生变化，应及时调整，结束访谈，否则继续访谈下去，不仅降低访谈的质量，而且有可能引起受访者的反感，进而影响再次访谈。

二、表达真诚的谢意

访谈结束时，访谈者一定要向受访者表达真诚的谢意，感谢受访者对自己工作的配合与帮助，感谢从对方那里获得了有价值的重要信息。因此，访谈者可以向受访者赠送小礼品或酬金以示感谢和友谊。

结束访谈时，还可以为以后进一步的调查进行铺垫，提出下一次访谈的邀约，约定再次访谈的具体时间和地点及再次访谈的主要内容，以便受访者提前准备。

✍ 实践范例

依据走访调查计划，实地走访，体会走访调查各环节各种方法和技巧的运用，并注重资料收集的质量。在走访调查中遇到的问题，小组要集思广益，齐心协力去解决。

如果要进行针对选题"××市 60 岁以上老年人消费现状与需求调查"的走访调查，以下是一些走访调查的重点内容：

（1）走访礼仪和沟通技巧：在走访过程中，要注意礼貌、尊重和耐心。引导开放式对话，倾听被调查者的意见和经验。

（2）确认身份和目的：在走访开始时，向被调查者介绍自己的身份、调查目的和背景，以建立信任和合作的基础。

（3）提问和记录：根据调查工具，对问题逐个进行提问，并准确记录被调查者的回答。注意询问细节，尽量获取具体和详细的信息。

（4）灵活适应情况：根据被调查者的语速和理解能力，调整提问速度和方式。如果被调查者有困难或不清楚，提供额外的解释和辅助。

（5）感谢和总结：在调查结束时，表达对被调查者的感谢，并再次说明调查的目的和重要性。与调查对象进行总结，确保没有遗漏重要的信息。

任务三 走访调查总结

任务描述

走访调查结束后，调查人员应立即对走访调查期间的工作进行总结，对收集到的调查资料进行初步整理，为下一阶段的工作打好基础。

要点提示

走访调查总结的内容：

一、走访调查的基本情况

对访谈目的、访谈对象、访谈时间、地点等情况简要说明。

二、走访调查的主要成果

对访谈人数、性别、职业等结构特征进行说明；对访谈是否满足研究要求、收集信息质量等情况进行说明；对访谈资料整理情况进行说明。

三、走访调查的主要问题

对访谈过程中出现的问题、解决措施进行总结。

四、走访调查的改进措施

针对访谈过程中出现的问题，提出改进措施，以利于今后的走访调查工作。

实践范例

根据走访调查的实际情况，撰写走访调查总结。

工作一　数据记录与整理

要点提示

对走访调查收集到的数据进行分析，可以采用统计分析方法和内容分析方法。

实践范例

针对选题"××市60岁以上老年人消费现状与需求调查"的走访调查，数据记录与整理的重点内容如下：

一、记录方式

根据实际情况，采用纸质记录或电子设备记录数据。确保记录的准确性、一致性和完整性。

二、注重细节和观察

除了被调查者的回答，还要注意观察他们的言语、表情和行为，这些细节可能提供更多有价值的信息。

三、匿名性和保密性

确保被调查者的个人信息和回答保持匿名性和保密性，遵循伦理规范和相关法律法规。

工作二　结果汇总与撰写报告

✎ 要点提示

根据分析结果，撰写结果报告，呈现调查结果、发现和建议。

结果报告可运用图表、表格和文字描述，以便清晰地传达调查结果。

✎ 实践范例

针对选题"××市 60 岁以上老年人消费现状与需求调查"的走访调查，走访调查的重点内容如下：

走访调查结果汇总和撰写报告是一项系统性的工作，可以按照以下步骤进行。

一、数据整理

根据走访调查中收集到的数据，对信息进行整理和分类。可以使用 Excel 等工具进行数据的录入、整理和统计，确保数据的准确性和完整性。

二、结果分析

根据整理后的数据，进行结果的分析和解读。可以选取一些重要的指标和变量，针对老年人消费现状和需求进行分析和比较，例如不同年龄段、收入水平或职业背景的老年人之间的消费差异。

三、报告撰写

在报告中呈现整个调查的结果和分析，可以按照以下结构组织报告内容：

引言：介绍调查的目的、背景和重要性。

方法：说明调查方法和样本选择。

数据整理和描述：对整理后的数据进行概述和描述，例如总体消费水平、消费习惯和消费偏好等。

分析和解读：根据调查结果，对老年人消费现状和需求进行深入分析和解读。

结论：总结调查结果，强调主要发现和结论。

建议：基于调查结果，提出相关政策建议或商业参考。

附录：包括调查问卷、原始数据表格等支持材料。

四、注意事项

在撰写报告时，要遵守中立客观的原则，尽量避免主观偏见和不实陈述。

引用来源：在撰写过程中需要引用其他研究结果或数据，请务必注明引用来源，并确保数据的准确性和可信度。

报告的语言应该简明扼要，逻辑清晰，易于理解。

总结与复盘

　　本项目的实践围绕走访调查开展，在制订走访调查计划、实施走访调查计划和走访调查等方面开展个人总结，对该项目实践中各项工作完成情况进行评价，对自己需要提升的地方进行总结。

即 测 即 练

自学自测　　扫描此码

观 察 调 查

　　田野调查是通过在实地参与当地人的生活过程中，对观察与体认获得的材料，进行归纳总结的调查过程。田野调查既可以进行定性研究，也可以进行定量分析，观察与感知具体的社区是进行田野调查的主要路径。

——周大鸣：人类学如何观察社会——四十年田野调查自白.

广东技术师范大学学报.2023.1

◇ 任务描述

　　◆　根据选定的社会调查主题，制订贴合实际情况的观察调查方案
　　◆　评估并优选确定可执行的观察调查方案，并综合考虑调查主题、调查对象和环境因素等基本情况，进而调整和确定出切实可行、可以指导观察调查工作开展的实施方案
　　◆　根据社会调查方案，完成所需物料准备
　　◆　根据所拟方案开展观察调查
　　◆　对观察调查资料进行整理和归纳，并对此次观察调查进行总结

◇ 情景导入

　　确定了社会调查主题为"××市60岁以上老年人消费现状与需求调查"，且选定观察调查法为其中一项调查方法后，需要根据调查主题，明确如何使用观察调查法实现对该主题的相关信息搜集，要明确观察谁、观察什么、如何观察等一系列问题，对观察过程中可能出现的问题做到心中有数并提前准备应对对策，以确保观察调查所得信息准确可靠，方法有效。

任务一　制订观察计划

 ## 任务描述

　　科学研究始于观察。观察是一种有目的、有意识的认识活动。观察结果是研究者形

成判断和推理的依据。观察调查法是研究者考察、记录、分析研究对象行为与环境的研究方法。它可以收集和积累资料，探索和发现问题，验证和驳斥理论。理解和掌握观察调查法的特点、分类，观察工具的编制与选择，有助于研究者进行科学观察，获得科学的认识。

针对社会调查选题，以组为单位，在前期调查计划已经基本成型的基础上，若根据实际情况选定观察调查为其调研方法，需要根据调查选题进一步细化调研安排，以此为开展田野调查、实地调查的指导方案，并在此过程中进一步验证观察调查法与此调研主题的适用性，保证调查顺利进行。

要点提示

一、观察调查法的概念

观察调查法是研究者在一定理论指导下，通过感官或借助观察辅助仪器，有目的、有计划地察看、记录、分析，获取原始资料和信息的方法。"观"指看、听等感知行为，"察"是分析研究。观察不只是人的感觉器官直接感知事物的过程，还是思维器官积极思考的过程。例如，教师如果在课堂中看到学生不愿意投入到主题讨论中，他可能会意识到主题的适当性、趣味性、挑战性或者讨论的组织形式等方面存在问题。不同教师对同一个教育行为可能得出不同判断。所以，观察是一个既在看又在想的过程。

观察调查法是社会调查和田野调查中一种较为常用的研究方法。例如，为了顺利开展社会调查，了解调查对象、搜集信息，就要深入实地进行观察；为了了解调研对象的实际情况，就要对其进行观察。

二、观察调查法的种类

观察调查法主要包括：参与观察与非参与观察，标准观察与非标准观察，直接观察与间接观察，探求性观察与验证性观察，定性观察与定量观察等。因为观察方法众多，且具体操作方式不同，因此需要根据每一次的调查选题与实际情况进行灵活选择与调整，选定最适用的观察方式。

三、观察调查法的步骤

观察可以分为确定观察调查目标、制订观察计划，设计观察提纲、进入研究现场、进行观察活动、记录观察资料、整理和分析观察资料、检验研究结果、撰写研究报告等步骤。虽然各步骤之间相对独立，但是分界并不明显。

实践范例

以选题"××市 60 岁以上老年人消费现状与需求调查"为例，一般而言，进行观察调查计划的制订，需要完成以下几项工作。

工作一 确定观察目标

要点提示

明确研究的主题和相关背景信息。这涉及确定调查研究的领域、特定主题或问题的重要性和相关性。根据研究主题和背景，明确研究的目标。研究目标应该是明确的、可测量的，并与研究主题直接相关。

实践范例

调查老年人的消费现状和需求可以是一个明确的研究目标，并进一步将研究目标转化为具体的研究问题或假设。研究问题应该是具体、明确和可操作的，以便指导数据收集和分析。例如，调查问题可以是："老年人在××市的主要消费项目是什么？""他们对这些消费项目的满意度如何？"

根据题目给出的情况，研究目标可以确定为：利用观察调查法调查并分析"××市60岁以上老年人的消费现状与需求"。观察调查法是通过观察老年人的消费行为、购买习惯以及对商品和服务的需求进行调查，以了解他们的消费习惯和需求水平。通过这种调查方法，可以获取客观的、直接的数据来揭示老年人在该市场领域中的消费行为和需求特点，为相关的市场营销和产品设计提供有价值的依据。

（1）老年人的消费行为观察：观察老年人的购物方式、购买频率、购买渠道等消费行为，了解他们的消费习惯。

（2）商品和服务需求观察：观察老年人对不同商品和服务的需求情况，如食品、医疗保健、休闲娱乐等，了解他们的消费需求。

（3）老年人的偏好观察：观察老年人对不同品牌、产品特点的偏好，了解他们对商品和服务品质的要求。

（4）老年人的消费意愿观察：观察老年人是否对新产品或新服务有兴趣，了解他们的消费意愿和态度。

（5）老年人的消费困难观察：观察老年人在消费过程中所遇到的困难和障碍，了解他们的消费环境和需求改善的可能性。

以上观察内容可以帮助我们全面了解老年人的消费现状和需求，为针对性的市场策划和产品设计提供参考。当然，具体的调查内容还可以根据实际情况进行适当的调整和补充。

工作二 设计观察提纲

要点提示

（1）制订详细的观察调查计划。包括观察方式、数据收集方式和分析方法等。

（2）选择关键变量和观察指标。确定关键变量和观察指标，即需要在观察调查中收集的信息。这些变量应与研究目标相关，并具有解释现象或评估问题的能力，确保选择的变量和指标是可以观察到的。这意味着它们能够在实际观察中被准确地测量和记录。

（3）制订观察方案。制订观察方案，包括制订观察计划、确定观察的时间和地点、范围、被观察的对象等，以及确定数据收集的方式（如直接观察或结构化观察）。

✎ **实践范例**

针对"××市60岁以上老年人消费现状与需求调查"这一选题，观察调查内容主要有：

一、范围

观察调查范围是指确定该调查研究的地域范围，如针对全市、特定街区或社区等细分范围。

二、时间

确定观察调查的时间范围，可以是几个月或一年内的特定时间段。

三、地点

确定观察调查的地点，包括观察场所和面对面访谈的地点。观察场所可以是超市、商场、社区活动中心等老年人常去的地方。

四、对象

明确观察调查的对象是60岁以上的老年人。可以根据需要确定更具体的对象特征，如性别、收入水平、教育程度等。可以通过随机抽样方法，从××市的60岁以上老年人群体中选取一定数量的样本。样本规模可以根据研究需求和实际可行性确定，越大越能代表整个老年人群体。

五、方式

主要包括直接观察和非参与观察两种方式。直接观察是通过实地观察老年人的消费行为和购物场所，了解他们的购买习惯和消费方式。非参与观察是观察老年人在购物场所的消费行为，但不干预或参与其中，以确保数据的客观性。

六、记录

准备一个观察表格，记录观察到的老年人的消费行为、购买物品、购买频率、购买渠道等信息。

工作三　准备或制作记录工具

✎ **要点提示**

记录工具有两类：一是照相机、摄影机、手机等摄影工具；二是观察卡、观察记录表等手工工具。

照相机、摄影机、手机等摄影记录，真实感强，精确度高，便于保存和传输，但是，观察过程不可能也不需要处处摄影。对于有选择拍摄的内容，应该及时做好记录和编号，写下必要的文字说明，以免时过境迁发生差错。

观察卡、观察记录表等手工工具，是标准观察不可缺少的工具。有了统一设计和制作的观察卡、观察记录表，不仅可以提高观察、记录的质量和速度，而且有利于对观察结果做定量分析和对比研究。

观察卡、观察记录表的内容，必须根据实地观察的目的和需要来设计，一般来说，应该包括以下内容（表 10-1）：

（1）观察卡、观察记录表的名称；

（2）观察的地点或位置；

（3）观察的时间；

（4）观察的环境；

（5）观察的内容或项目；

（6）观察的记录方法；

（7）观察的情况和建议；

（8）观察者的姓名或代号等内容。

表 10-1　×××观察记录表

观察时间		观察地点	
观察对象		观察者	
观察目的			
资料图片			
观察实录			
观察分析			
调整措施			

✍ **实践范例**

以下是一个观察记录表的示例。

（1）观察卡、观察记录表的名称："老年人消费观察记录表"

（2）观察的地点或位置：（　　　　　　）

（3）观察的时间：（　　　　　　）

（4）观察的环境：（　　　　　　　　　）

（5）观察的内容或项目：

    ①购买行为：购买的物品、数量、价格等

    ②消费频率：每周/每月购买的次数

    ③购买渠道：线上购物、实体店购物、社区活动等

    ④偏好：对特定品牌或商品的偏好程度

    ⑤兴趣爱好：参与的活动、消费的娱乐项目等

（6）观察的记录方法：

    ①实地观察：记录观察对象的行为、态度和环境情况

    ②记录摄影/录像：拍摄照片或录制视频以记录观察到的情况

    ③访谈记录：如有面对面访谈，记录访谈内容和关键观点

（7）观察的情况和建议：（　　　　　　　　　）

（8）观察者的姓名或代号：（　　　　　　　　　）

请根据具体研究需求，将观察记录表进一步细化，确保适应性和完整性。

工作四　对实地观察的各种问题进行预判

✍ 要点提示

实地观察需要考虑可观察性、数据准确性和可靠性、安全性、观察员的参与度、观察时间和地点等问题，通过提前预判并解决这些潜在问题，可以提高实地观察的有效性和准确性，保证所收集到的数据具有较高的可信度和价值。

一、可观察性

在实地观察过程中，需要确保所观察的对象和场所是可观察的，没有限制或障碍。例如，某些场所可能设有限制区域或访问限制，可能需要提前获取必要的许可或安排。

二、数据准确性和可靠性

在实地观察中，确保所收集的数据准确性和可靠性是至关重要的。需要预判可能出现的干扰因素，如过于接近观察对象可能导致观察对象刻意改变自身行为、观察员的主观偏见等。采取适当的观察方法和保持客观的态度可以有效地减少这些问题的影响。

三、安全性

实地观察可能涉及一些安全风险，例如，观察一些危险或高风险的环境。在预判过程中要考虑到这些因素，并制定相应的安全措施，以确保观察员和被观察对象的安全。

四、观察员的参与度

观察员的参与度可能导致观察对象的行为发生变化。预判可能引起观察对象注意的因素，如观察员过于明显的行为、使用设备等，以减少干扰并保持观察结果的真实性。

五、观察时间和地点

选择适当的时间和地点进行观察是重要的。预判可能影响观察结果的因素，如人流量、活动的频繁程度和噪声水平等。这有助于选择合适的时间和地点，以确保观察结果的有效性和可靠性。

✍ 实践范例

以"××市 60 岁以上老年人消费现状与需求调查"为例，以下是一些可能的实地观察问题和预判：

一、老年人消费行为

是否有规律的消费习惯？

老年人主要购买哪些商品或服务？

是否有明显的季节性或节日性消费特点？

二、购买渠道与偏好

老年人更倾向于线上购物还是实体店购物？

是否更多参与社区活动中的购物或消费？

老年人是否更倾向于购买特定品牌？

三、消费频率与消费水平

平均每周或每月老年人有多少次购物活动？

老年人的消费水平相对于其他年龄段是否较高或较低？

是否存在高频率、低金额的小额消费行为？

四、兴趣爱好与消费相关性

老年人在消费方面更倾向于娱乐、旅游、养生等哪些方面？

是否有特定爱好或兴趣导致相关消费行为增加？

五、线下社交与消费

老年人是否更倾向于在社区活动中进行消费或社交？

是否存在与消费相关的线下社交网络，如老年人俱乐部、兴趣小组等？

六、消费需求与关注点

老年人对产品或服务质量、售后服务的关注程度如何？

是否存在特定的消费需求，如养老服务、医疗保健等？

是否有隐性或尚未得到满足的消费需求？

预判这些问题可以帮助研究团队更加有针对性地进行实地观察和数据收集，提供更准确的调查结果。

任务二　实施观察

 **任务描述**

在前期选题和对观察调查准备工作开展的基础上，以组为单位，按计划进行实地观察，记录观察对象的行为、态度和环境情况。使用合适的观察方法和记录工具，如观察记录表、摄像设备、笔记本等，进行数据收集。

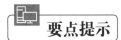 **要点提示**

一、观察调查的原则

（1）基本客观性。
（2）全面性。
（3）深入性。
（4）持久性。
（5）法律和道德。

二、观察调查注意事项

（1）灵活安排观察程序。
（2）与被观察者建立良好人际关系。
（3）减少观察活动对被观察者的影响。
（4）把观察与思考紧密结合起来。

三、努力减少观察误差

（1）正确选择观察者。
（2）提高观察者的认识。
（3）做好必要的知识准备。
（4）不断加强感官训练。
（5）合理安排观察任务。
（6）充分利用科学仪器。
（7）努力控制观察活动。
（8）多点对比观察和重复对比观察。

实践范例

以选题"××市60岁以上老年人消费现状与需求调查"为例，一般而言，实施观察调查需要完成以下几项工作。

工作一 进入现场

要点提示

在实地开展观察调查之前,应尽量了解相关背景知识并获得必要的许可和访问权限。获得许可的适当方法,如涉及观察公共场所或他人,需要获得相关机构或个人的许可。选择合适的观察方法,如面对面观察、远程观察、摄影记录等。

实践范例

以"××市60岁以上老年人消费现状与需求调查"为例,可以进行以下工作:

一、寻找合适的调查机构或合作伙伴

与当地的研究机构、社区组织或相关专业人士合作,以获取必要的支持和专业指导。他们可以提供关于老年人群体的深入调查和实际经验。

二、获得许可和访问权限

如需进入特定场所观察,例如社区活动场所、商场或老年人俱乐部,需要获得相关机构或场所管理者的许可和访问权限。联系相关管理机构,了解他们的政策、程序和要求。

三、保护个人隐私和伦理规范

确保在观察过程中遵守隐私保护和研究伦理规范。尊重被观察者的权益,不做任何侵犯个人隐私的行为。

工作二 正式观察

要点提示

进行现场观察的时候,首先采取开放式观察,对观察现场获得整体感受,训练对周围事物的敏感和反应能力;然后逐步聚焦,明确希望回答的问题,聚焦的程度取决于研究的问题,视野可以采取"狭窄单一"和"开阔"这两种方式,两者可以变换。除此之外,聚焦还可以采取一些不同的程序和步骤,如主次程序法、方位程序法、动与静结合法、时间抽样法、场面抽样法、追踪法等。

前往选定的观察场所,以观察者的身份记录观察对象的行为、态度和环境情况。

使用观察记录表、摄像设备或笔记本等工具进行数据收集。尽量保持观察的客观中立性,避免对观察对象产生过多干扰。

在正式实施观察过程中,要选择适当的时间和地点进行观察,按照预先设定的观察指标记录相关行为或事件。

观察者应尽量客观、中立地记录信息,避免个人主观偏见对观察结果产生影响。

使用合适的观察工具和记录方法,及时分类整理观察数据,对观察结果进行初步和

简单的分析和解读，确保观察的准确性和可靠性，遵守伦理和法律规范。

📝 **实践范例**

以"××市 60 岁以上老年人消费现状与需求调查"为例，进行以下工作：

（1）与被观察者建立信任关系：在观察过程中，与被观察者建立良好的关系和沟通。尊重他们的意愿和选择，解答可能存在的疑虑和疑问。

（2）遵守法律法规：在观察过程中，遵守当地的法律法规和规定。确保观察活动的合法性和合规性。

（3）确保调查过程的合理性和公正性：在实地观察过程中，确保调查的合理性和公正性。避免歧视和偏见，对观察对象保持中立和客观的态度。

（4）保护数据隐私：在观察过程中，收集的数据应符合相关隐私保护措施。确保数据的机密性和安全性，只用于研究目的，并在研究结束后适当地处理和储存。

（5）记录观察结果：在观察过程中，及时记录观察到的事实、数据和观察者的观察心得。记录时要准确、详细，并按照事先设定的观察项目进行分类，以方便后续的数据整理和分析。

（6）观察数据的整理和分类：在观察过程中，及时分类整理观察到的数据。确保观察数据能够按照事先设定的内容和项目进行归类和整理，保持数据的准确性和完整性。

（7）观察的准确性和可靠性：确保观察的准确性和可靠性。在观察过程中，采用多种观察方法和工具，以增加观察结果的可靠性。

工作三　观察记录

📝 **要点提示**

一、观察记录的内容

（1）实地笔记，即专门记录观察者看到和听到的事实性内容；
（2）个人笔记，即用来记录观察者个人在实地观察时的感受和想法；
（3）方法笔记，即观察者所使用的具体方法及其作用；
（4）理论笔记，用于记录观察者对观察资料进行的初步理论分析。

二、记录方式

具体的记录方式则可以分为：

（一）描写和编码

在记录观察结果的时候，有两种方法：描述见到的活动或把它们编码，有三种选择：

（1）完全避免编码，保持文本描述，把收集到的资料作为定性叙述的总集；
（2）收集文本描述，运用在调查完成时产生的目录来编码；
（3）在观察的同时，运用调查之前或在调查初期产生的目录对活动进行编码。

行为描述是开放式的、对行为的文本叙述。其优点在于它类似于传统的民族志描述而且在分析中也能运用。它能够像情景允许的那样详尽和内容广泛，并且根据需要而很好地情境化。

编码是简单的，常常有符号化的特征：有选择的、明确的、合人意的明确意义。编码的目标不是捕捉复杂事物的所有现实，而是注重于调查者认为显著的那些方面。编码是明确的、客观的，被编入编码书中，并标明如何使用编码，以便不同的编码者之间能达到高度的相互依据。有了编码，便能用一套完整的编码来涵盖所有活动，一个编码对应一个活动，减少重叠。研究者在编码过程中会碰到三个问题：同时性、可靠性和情境。

（二）行为记录

在行为记录中，每一项观察都应有一个独一无二的识别编码来保存记录。每一个对象也要有一个独特的识别码。作为一种通行的保护调查对象匿名的道德规范，这些编码不应向一个临时的野外观察者展示出研究对象。应有一个人口调查表列出对象的相关信息，如年龄、性别、家庭、家中的地位以及其他诸如职业、种族和健康状况的信息。每一次观察都应记录精确时间。

（三）结构和功能描述

研究者区别了两种类型的描述：结构描述和功能性描述。结构描述记录行为者的姿势、操作运动以及社会互动等行为者身体运动的结构描写。功能性描述记录行为者行为的目的或结果。

任务三　观　察　总　结

任务描述

观察调查总结阶段是整个调查过程中的最后一步，其主要任务是对观察过程和观察数据进行总结、分析和解读，得出结论并形成最终的调查报告或研究成果。

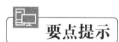

要点提示

观察调查总结的主要任务如下。

一、数据整理与分类

对观察过程中收集到的大量观察数据进行整理和分类，可以使用录音、摄影或文字记录等方式。根据观察者的记录，整理数据并对其进行分类、编码和归档，以便更好地理解和分析观察结果。

二、数据分析与解读

采用适当的统计方法和分析技术对观察数据进行分析，提取出关键信息，深入理解观察对象的行为、态度和环境等。并从统计角度考虑数据的可靠性和有效性。通过数据分析，提取出有关社会现象的规律和特征，并对所观察到的现象进行解释。

三、结果归纳与总结

根据观察数据的分析结果，归纳和总结出主要发现、趋势和特点，以清晰地呈现调查所探讨的问题和目标。

四、结论和建议

基于观察数据的分析和总结，得出明确的结论，并给出相应的建议，指导后续决策和行动。

五、调查报告的撰写

结合前期的研究背景、调查设计、观察过程和分析结果，撰写完整的调查报告，包括引言、方法、结果、讨论和结论等章节，以系统地记录和呈现研究成果。

六、结果展示和沟通

根据需要，将调查结果以合适的形式和方式进行展示和沟通，如演示文稿、图表、图像等。与利益相关者共享调查成果，并就结果进行进一步的讨论和交流。

七、反思和总结

对整个观察调查过程进行反思和总结，回顾调查目标的实现程度、面临的挑战和改进的机会，为未来的研究和调查经验提供反馈和借鉴。

实践范例

以选题"××市60岁以上老年人消费现状与需求调查"为例，一般而言，进行观察调查总结，需要完成以下几项工作。

工作一　数据整理与分析

要点提示

在实施观察调查之后，由于一些数据和信息在观察过程中无法充分整理和汇总，因此，在后期需要对调查期间收集到的数据和信息进行整理、汇总、分析，以便更好地理解和分析观察结果，为进一步形成结论、撰写报告做好准备。

实践范例

针对选题"××市60岁以上老年人消费现状与需求调查"，下面是观察调查后数据整理与分析的一种思路。

一、数据整理与分类

将观察期间收集到的数据进行整理和分类，包括观察对象的消费行为、消费场所、购买决策、消费金额等信息。对收集到的数据进行整理、清洗和编码，保证数据的准确性和可靠性。

二、数据分析与解读

采用适当的统计方法和分析技术,对观察数据进行分析和解读。例如,可以计算老年人的平均消费金额、比较不同年龄段的消费习惯、分析消费偏好的相关性等。

工作二 归纳与总结

要点提示

当调查数据整理完毕后,可以从数据和信息中找寻规律、总结其共性和特殊性,并用文字或其他方法记录下来,对这些信息进行进一步汇总和整理,并形成调查报告。报告的表现方式可以是多样的,包括语言描述、图片、表格、案例等。

实践范例

针对选题"××市 60 岁以上老年人消费现状与需求调查",下文是观察调查后归纳与总结的一种思路。

一、结果归纳与总结

根据数据分析的结果,归纳和总结出观察所得的主要发现。例如,观察到老年人更倾向于在传统市场购物,他们更注重产品质量和服务态度,对价格并不敏感等。

二、结论和建议

根据观察数据的分析和总结,得出明确的结论,并提出相应的建议。例如,可以得出"老年人消费市场潜力巨大"的结论,并建议商家在产品设计和服务上更加关注老年人需求,提供便捷购物环境。

三、调查报告的撰写

将整个观察调查过程的背景、目的、方法、结果、讨论和结论等内容整合,撰写完整的调查报告。以系统地记录和表达调查成果,为相关人员提供参考。

四、结果展示和沟通

根据调查报告的结果,可以选择适当的形式和方式将调查结果展示给决策者、研究人员和其他相关方。可以通过会议、演示文稿、图表以及面对面的沟通等方式,与相关人员共享调查成果,并就结果进行进一步的讨论和交流。

五、反思和总结

对整个观察调查过程进行反思和总结,包括方法的优化和改进的机会、数据采集的局限性等,以便为今后的类似研究和调查经验提供反馈和借鉴。

总结与复盘

在社会调查中采用观察调查法后,总结与复盘环节非常关键,能够帮助研究者提炼经验教训，并对调查过程进行反思和改进。下面是在总结与复盘环节应该做的一些主要事项。

一、总结调查过程

回顾整个观察调查的过程，记录下实际操作中遇到的问题、取得的成果，以及观察到的现象和数据。

二、分析观察结果

对观察所得的数据和现象进行分析和整理。比较不同观察点之间的差异，寻找规律和趋势，深入挖掘数据背后的意义和潜在关联。

三、反思方法和工具

评估所采用的观察方法和工具的有效性和可行性。思考是否存在误差或偏差，并提出改进的建议。重点关注观察者的主观影响、观察环境的影响等方面。

四、挖掘局限和挑战

识别观察调查方法的局限性和遇到的挑战。考虑到观察调查的主观性和受限性，思考如何改进方法以获得更准确和全面的结果。

五、提炼经验教训

总结经验教训，归纳出在观察调查过程中所学到的有价值的经验。这些经验可以指导未来的研究和实践，帮助提高调查效果和质量。

六、制订改进方案

根据反思和总结的经验，提出改进观察调查方法的具体方案。思考如何提高观察的客观性、减少主观误差，并考虑使用其他方法或工具来增强调查结果的可信度。

七、编写报告和分享成果

根据总结与复盘的结果，撰写一份详尽的报告，并与相关人员和团队分享调查成果和经验。通过交流和讨论，进一步完善观察调查的方法和过程。

以上内容根据实际情况需要记录，可手写也可打印。以上步骤可以帮助研究者全面了解观察调查的执行情况，并从中获取有价值的信息和经验，以提高未来社会调查的质量和有效性。

即 测 即 练

自学自测 扫描此码

电 话 调 查

干部要坚持立党为公、执政为民，虚心向群众学习，真心对群众负责，热心为群众服务，诚心接受群众监督。要拜人民为师、向人民学习，放下架子、扑下身子，接地气、通下情，深入开展调查研究，解剖麻雀，发现典型，真正把群众面临的问题发现出来，把群众的意见反映上来，把群众创造的经验总结出来。

——习近平总书记 2019 年 3 月 1 日在中央党校（国家行政学院）
中青年干部培训班开班式上的讲话

◇ 任务描述

- ◆ 根据选定的社会调查主题，制订贴合实际情况的电话调查方案
- ◆ 评估并优选确定可执行的电话调查方案，并综合考虑调查主题、调查对象和环境因素等基本情况，进而调整和确定出切实可行、可以指导电话调查工作开展的实施方案
- ◆ 根据调查方案，完成所需物料准备
- ◆ 根据所拟方案开展电话调查
- ◆ 对电话调查资料进行整理和归纳，并对此次调查情况进行总结

◇ 情景导入

确定了社会调查主题为"××市 60 岁以上老年人消费现状与需求调查"，且选定电话调查法为（其中一项）调查方法后，需要根据调查主题，明确如何使用电话调查法实现对该主题的相关信息搜集，要明确为何使用电话调查、向谁调查、调查什么、如何调查等一系列问题，对此过程中可能出现的问题做到心中有数，并提前准备应对对策，以确保调查所得信息准确可靠，方法有效。

任务一 电话调查计划的拟订

任务描述

针对每一次的社会调查选题，以组为单位，在前期调查计划已经基本成型的基础上，若根据实际情况选定电话调查为其调研方法或补充调研手段，需要根据调查选题进一步细化调研安排，以此为开展电话调查及通过电话调查搜集信息的有效指导，并在此过程中进一步验证电话调查法与此调研主题的适用性，保证调查顺利进行。

要点提示

电话调查法，是指社会调查相关工作人员通过移动电话或固定电话向被调查者进行问询，了解情况的一种调查方法。它是访问法中的一种调查方法。由于彼此不直接接触，而是借助于电话这一中介工具进行，因而是一种间接的调查方法。

实践范例

以选题"××市 60 岁以上老年人消费现状与需求调查"为例，一般而言，进行电话调查计划的制订，需要完成以下几项工作。

工作一 确定调查目标

要点提示

明确所要调查的问题、研究目标和调查的范围，确定电话调查的目的和重点，要思考调查对社会的重要意义和影响。

实践范例

以下是对选题"××市 60 岁以上老年人消费现状与需求调查"电话调查目标的描述：

（1）了解××市 60 岁以上老年人的整体消费现状：通过电话调查，获取关于老年人消费行为、购物渠道、消费偏好等方面的数据，以了解他们对不同消费品类的需求和消费习惯。

（2）探索老年人对各类产品和服务的需求情况：通过电话调查，探讨老年人对医疗服务、养老服务、健康保健品等特定领域的需求程度和偏好，以满足他们的特殊需求。

（3）评估老年人对产品品质和服务的重视程度：通过电话调查，了解老年人在购买决策中所考虑的因素，如产品质量、服务态度、售后保障等，以推测他们对购物体验的关注点和对商家的期望。

（4）洞察老年人的消费意愿和购买能力：通过电话调查，了解老年人的消费意愿和购买能力，包括对新产品和新服务的接受度、消费动机等，以评估市场潜力和商机。

（5）提供有针对性的市场策略和服务改进建议：根据调查结果，为商家、政府和服务提供者提供有针对性的市场策略和服务改进建议，以满足老年人消费需求，提升他们的购物体验和满意度。

通过电话调查，将收集到的数据进行分析和解读，以揭示××市60岁以上老年人的消费现状和需求特点，为相关方提供决策依据和改进方向。这将为市场提供者和政策制定者提供重要参考，促进对老年人消费市场的深入了解。

工作二　编制问卷

要点提示

根据调查目标和问题，设计调查问卷，包括开放式问题、封闭式问题和评分题等。确保问卷的逻辑性和连贯性。在问题设计过程中，同学应当积极讨论和思考，理解和重视不同观点、多元性和社会关系的复杂性。

实践范例

以下是一个关于选题"××市60岁以上老年人消费现状与需求调查"的电话调查问卷示例（表11-1）。

表 11-1　××市 60 岁以上老年人消费现状与需求调查

问题编号	问题描述	选项
1	您好，我是来自调查机构的调查员，请问您是 60 岁以上的居民吗？	是 否（结束调查）
2	您通常在哪些地方进行购物消费？（可多选）	传统市场 超市/大型商场 社区商店 网上购物 其他（请具体说明）
3	您在过去 3 个月内，平均一个月购买多少次各类商品或服务？	很少购买 1～2 次 3～4 次 5 次及以上
4	您通常购买哪些类型的商品或服务？（可多选）	食品、日用品 医疗保健品 养老服务（如养老院、社区日间照料中心） 健身和保健服务 旅游和休闲活动 数码产品 其他（请具体说明）

问题编号	问题描述	选项
5	对于购买商品或服务，您更看重哪些方面？（可多选）	产品品质 价格优惠 服务态度 售后保障 便利性 品牌声誉 其他（请具体说明）
6	您对新产品和新服务的接受程度如何？	非常乐意尝试新产品和新服务 有些犹豫，但会考虑尝试 不太愿意尝试 完全不愿意尝试
7	您是否有特定的消费需求，比如医疗服务、养老服务等？	是（请具体说明） 否
8	在购物过程中，您是否遇到过问题或有改进建议？	是（请具体描述） 否
9	您对于市场提供给老年人的产品和服务有什么期望或建议？	
10	感谢您参与我们的调查。请问您是否愿意留下姓名和联系方式？	姓名： 联系方式：

工作三　确定样本和电话号码

✍ 要点提示

根据调查目标确定要调查的受访者群体，并获取合适的样本。

✍ 实践范例

确定样本和电话号码是进行电话调查的重要步骤，以下是以选题"××市60岁以上老年人消费现状与需求调查"为例的样本确定和电话号码获取的步骤：

（1）确定调查范围：确定调查所涉及的地区，例如确定为"××市"。

（2）确定调查目标群体：明确调查的目标群体为60岁以上的老年人。

（3）获取样本：根据调查目标群体，可尝试采用以下方式获取样本。

由于电话调查法本身特性，对不同对象往往采用不同的抽样和电话获取方法，对普通采访对象可采用电话号码簿法、随机拨号法等。

如可通过公开的人口统计数据获得相关信息，包括年龄段、居住地等，以此来确定目标群体的大致规模和分布情况等，为进一步确定样本提供条件。

（4）电话号码获取：根据样本情况可通过以下途径获取。

①依托合法、正规的机构获取资料，开展工作；

②以社区、老年活动中心等机构为介质，征求符合条件的受访者同意后，获取电话号码。

（5）电话号码筛选和清洗：在获取电话号码后，需要进行筛选和清洗工作，排除无效号码、重复号码和不符合调查要求的号码。

（6）保护个人隐私：在进行电话调查时，确保保护受访者的个人隐私，遵守相关的隐私保护法规，对数据进行保密处理。

请注意，在进行电话调查时，应遵守相关法规和道德规范，确保调查的合法性和道德性。同时，提前与受访者说明调查目的，并征得其同意参与调查。

工作四　建立电话调查团队

✍ 要点提示

组建专业的电话调查团队，包括调查员和主管，确保调查过程的正确性和有效性。团队应思考自己在社会中的责任，应以积极的态度关注社会问题，理性发表自己对解决问题的意见与建议。

✍ 实践范例

要招募和组建一个电话调查团队来执行选题"××市60岁以上老年人消费现状与需求调查"，请考虑以下步骤。

一、需求分析

明确所需的调查团队规模、角色和技能要求。确定需要招募的团队成员数量和调查员的特定要求。

二、招募广告

在适当的渠道发布招募广告，如在线招聘平台、社交媒体、大学就业板块等。广告中明确描述职位要求、工作职责和团队成员的特点。

三、简历筛选

对收到的简历进行筛选，评估应聘者的相关经验、沟通能力和团队合作精神。根据简历和求职信的内容和自荐信进行初步筛选。

四、面试和评估

对初步筛选的应聘者进行面试，评估其沟通技巧、调查经验和相关知识。面试过程可以结合模拟电话调查情景，观察应聘者的应变能力和调查能力。对老年人有一定了解和尊重。

五、背景调查

对最终候选人进行背景调查，核实其学历、工作经历和参与过的调查项目。确保候选人有良好的职业背景和调查操守。

六、团队组建

根据候选人的能力和经验，确定团队中的不同角色，如团队主管、调查员、数据整理员等。确保团队各个成员相互配合和协调。

以上步骤将帮助您招募和组建一个合适的电话调查团队，以确保调查的顺利进行。在整个招募和组建过程中，注意遵循相关的法律法规和道德准则，保护受访者的权益和个人隐私。

工作五　培训调查员

✎ 要点提示

对调查员进行详细的培训，包括调查目标、问卷内容、调查技巧、电话礼仪等。确保调查员对调查内容和程序的理解和掌握。同时，促使调查员了解他们作为公民的权利与义务，激发他们参与社会事务的意愿，鼓励他们关注公共利益、社会问题。

✎ 实践范例

培训调查员是执行选题"××市60岁以上老年人消费现状与需求调查"的关键步骤。为团队成员提供相关的培训和准备材料。培训内容可包括调查流程、问卷使用、沟通技巧、隐私保护和道德准则等方面。以下是关于如何培训调查员的一些建议。

一、介绍调查背景和目的

在培训开始之前，向调查员介绍该调查的背景和目的。解释为什么开展这项调查，以及该调查的重要性和影响。

二、介绍调查流程和方法

详细介绍调查的流程、步骤和方法。包括问卷设计、数据收集、回答问题的技巧等。确保调查员了解整个调查过程并能够执行各个步骤。

三、讲解调查问题

逐个讲解调查中每个问题的含义、目的和正确解答方式。为调查员提供示例回答，帮助他们熟悉问题，能够理解并准确记录受访者的回答。

四、强调沟通技巧

培训调查员时，重点强调沟通技巧的重要性。教授他们如何与受访者进行有效的沟通，包括倾听技巧、提问技巧和应对挑战的能力。

五、模拟练习

为调查员提供模拟练习的机会，以帮助他们熟悉实际调查场景。让他们在培训中进行角色扮演，模拟电话调查，学习如何处理各种情况。

六、隐私保护和道德准则

教育调查员关于隐私保护和道德准则的重要性。强调个人信息保密的原则，告知他们如何处理敏感信息，以及在调查过程中务必遵守道德规范。

七、解答疑问和提供支持

在培训过程中，鼓励调查员提出问题并解答他们的疑问。为调查员提供一对一的支持，确保他们对整个调查过程有充分的理解和准备。

八、实时监督和反馈

在开始实际电话调查之前，进行实时监督和反馈。通过定期评估和回顾回访录音或样本调查数据，提供有针对性的建议和改进意见。

九、继续培训和更新

持续为调查员提供进一步的培训和更新机会。例如，定期组织培训研讨会，分享最新的调查技巧和最佳实践。

十、团队协作

建立良好的团队协作氛围，促进成员之间的合作和沟通。组织团队会议和讨论，分享经验和解决问题。

十一、激励计划

建立激励计划，鼓励团队成员取得优异的调查成果。可以考虑给予奖励、表彰和晋升的机会，激励团队成员的积极性。

在整个培训过程中，确保与调查员保持良好的沟通，并建立开放和互动的氛围。鼓励他们分享经验和提出改进建议。这样可以调动调查员的积极性，并提高调查的质量和效果。

任务二　电话调查的实施

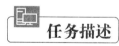

任务描述

在前期选题和电话调查准备工作开展的基础上，以组为单位，按计划实施电话调查，仔细按照前期的准备和计划对调查对象开展调查，完整、详细地搜集相关信息和资料，并及时记录。在电话调查过程中，通过与受访者进行交流，在搜集信息的同时要进行批判性思考，能够从多角度、多维度思考问题。鼓励调查团队对社会问题进行深入思考，理解问题背后的原因和影响。

 **要点提示**

一、电话调查实施环节

联系受访者：使用收集到的目标受访者的电话号码，调查员通过电话与受访者进行联系。在与受访者通话前，调查员可以先询问是否方便进行调查，并说明调查目的和保密性。

问卷引导和提问：遵循预先设计好的调查问卷，调查员会根据问卷中的问题逐一引导受访者回答。他们需要清晰、恰当地提出问题，确保受访者理解并给出准确的回答。

记录回答和数据输入：调查员在电话交流过程中，需要准确记录受访者的回答。可以通过手动记录或使用电子问卷调查软件进行数据输入。

解答疑问和提供指导：如果受访者在回答问题时有疑问，调查员需要耐心地解答并提供相应的指导。确保受访者对问题有充分的理解，并鼓励他们给出自己真实的意见。

沟通技巧应用：调查员需要灵活运用沟通技巧，确保与受访者之间进行愉快、顺畅的交流。这包括倾听技巧、换位思考、及时反馈等，以建立良好的沟通氛围。

保护个人隐私和数据安全：在电话调查中，调查员必须尊重受访者的个人隐私，并保障数据的安全。遵循法律法规和调查伦理，妥善处理和保存调查数据。

管理调查时间和进度：调查员需要合理管理调查时间和进度，确保在规定的时间内完成所需的调查数量。合理安排调查任务，与受访者确定好预约时间。

反馈和记录：在每次电话调查结束后，调查员可以在问卷或相关记录中提供简要的总结和反馈。这有助于后续的数据整理和分析工作。

二、电话调查的注意事项

（1）设计好简明易懂的调查问卷。

（2）对调查员进行电话访问技巧的培训。

（3）调查样本的抽取及访问时间的控制。

三、电话访问的技巧

电话访问要达到较好的效果，除了以上注意事项以外，访问员还需要掌握一定的访问技巧。

（1）直接请求转接到对象部门。

（2）主动介绍自己的身份。

（3）向调查对象表明身份信息。

（4）注意礼貌用语。

（5）模糊访问时间。

（6）避用"调查"一词。

四、电话调查记录技巧

在电话调查过程中，以下是一些记录技巧，可有效地记录和整理调查信息。

（1）使用结构化的调查问卷或电子表格。

（2）注意准确记录信息。

（3）使用缩写和简洁的语言。

（4）确保记录细节。

（5）澄清和确认回答。

（6）及时整理和汇总数据。

（7）保护数据的安全性。

实践范例

以选题"××市 60 岁以上老年人消费现状与需求调查"为例，一般而言，进行电话调查需要完成以下几项工作。

工作一 进行预调查

要点提示

在正式调查之前，进行一轮预调查，测试问卷的可行性和理解度，发现问题并进行修正和调整。

实践范例

以选题"××市 60 岁以上老年人消费现状与需求调查"为例，要进行电话预调查，可以按照以下步骤进行。

一、编写预调查脚本

根据选题"××市 60 岁以上老年人消费现状与需求调查"的目标，编写一个简洁明了的预调查脚本。脚本应包括介绍自己的身份、调查目的和相关问题。

二、确定样本

确定想要调查的受访者样本，例如选择一定数量的 60 岁以上的老年人。可以通过已有的名单、社区注册等途径获取受访者的电话号码。

三、调查员培训

培训调查员，向他们介绍预调查的目的和流程。确保他们了解问题的提问方式、记录和处理受访者的回答，以及保护个人隐私的重要性。

四、联系受访者

（1）拨打电话：调查员根据样本名单，逐个拨打电话联系受访者。

（2）自我介绍与解释：调查员应自我介绍，并清楚解释自己是调查机构来电，目的是进行关于老年人消费现状与需求的预调查。

五、邀请参与

（1）询问意愿：调查员询问受访者是否愿意参与关于老年人消费现状与需求的预调查。

（2）解释重要性：调查员解释为什么对老年人的消费现状和需求进行调查很重要，以提高受访者的参与意愿。

六、提问问题

（1）提问顺序：按照预调查脚本，逐个提问问题。

（2）记录回答：调查员在电话中记录受访者的回答，确保准确性。

七、了解补充意见

在预调查的结尾，给受访者提供一个机会，让他们表达任何补充意见、建议或想法。

八、结束电话

感谢受访者的耐心配合，并告知他们后续可能的调查步骤。

通过电话预调查，可以了解受访者对调查主题的兴趣和意愿，获取相关的背景信息，并提前了解他们的看法和建议。这有助于更好地设计正式调查问卷，并提高正式调查的回应率和质量。在进行预调查时，尽量保持友好和专业的态度，确保对受访者的隐私进行妥善保护。电话预调查表见表 11-2。

表 11-2 "××市 60 岁以上老年人消费现状与需求"电话预调查表

序号	调查问题	备注
1	介绍和背景信息	
1a	您是否愿意参与关于"××市 60 岁以上老年人消费现状与需求调查"的正式调查？	
1b	您的年龄范围是？	
1c	您的性别是？	
1d	您目前居住在哪里？	
2	兴趣和意愿	
2a	您是否认为了解老年人的消费现状和需求对于改善生活质量很重要？	
2b	您对了解和学习老年人消费现状与需求的调查结果感兴趣吗？	
3	通信方式	
3a	您更倾向于通过以下哪种方式接受正式调查？	
4	补充意见	
4a	如果您有关于老年人消费现状和需求的其他意见、建议或想法，请在下方提供	
5	结束语	

工作二　正式电话调查

✍ 要点提示

按照事先确定的调查时段，调查员使用电话设备拨打电话并进行调查。根据问卷向受访者提问，记录受访者的回答，确保调查的准确性和完整性。

> ✎ **实践范例**

以下是关于电话调查环节的详细步骤。

一、自我介绍与解释

在电话拨通后，先自我介绍，并解释自己是调查机构来电，目的是进行关于"××市60岁以上老年人消费现状与需求调查"的调查。请向受访者说明调查的背景和重要性，以便他们更好地理解并愿意参与调查。

二、请求参与并保证匿名性

询问受访者是否愿意参与调查。强调调查的结果将被用于改善老年人的生活质量，保证受访者的回答将被严格保密，并且个人身份信息不会被公开。

三、提问问题

（1）逐个提问：按照预定的调查问卷，逐个提问问题，并耐心等待受访者的回答。

（2）遵循问题顺序：确保按照事先设计的逻辑顺序进行提问，以保证数据的准确性和可比较性。

四、倾听与记录回答

（1）倾听回答：在受访者回答问题时保持专注，耐心聆听他们的回答，避免打断或引导回答。

（2）记录回答：使用笔记本、电子表格或专门的调查软件，记录受访者的回答。确保准确记录数据，使用一致的标准。

五、确认问题理解

（1）确认理解：在问题不清楚或受访者回答含糊时，可以进一步解释问题，以确保双方对问题的理解一致。

（2）鼓励详细回答：鼓励受访者提供具体和详细的回答，以获取更有价值的信息。

六、遵循礼貌和专业原则

（1）保持礼貌：在与受访者交谈时，始终保持礼貌，并且避免过于冗长或压迫性的问题，以免让受访者感到困扰或不舒服。

（2）遵循专业原则：确保具备专业素养，尽量不对受访者的回答进行过多解释或评价，以保持中立性。

七、感谢与结束电话

（1）表示感谢：在完成调查时，向受访者表达真诚的感谢，感谢他们的耐心参与。

（2）结束电话：礼貌地告知受访者调查结束，向他们道别，并在需要的情况下说明调查的后续步骤。

在电话调查过程中，确保与受访者保持良好的沟通和互动，尊重他们的隐私和意见。保持专业和友好的态度，同时确保提问问题的准确性和清晰性，以获得可靠的调查数据。

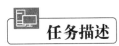

任务三　电话调查的总结

任务描述

电话调查总结环节的任务包括数据整理与校对、数据编码和分类、数据统计与分析、结果呈现与报告撰写，以及总结和反思调查过程。在这个阶段，对电话调查收集到的数据进行整理、分析和解读，提取关键结论并撰写调查报告，同时评估调查过程的效果和改进点。这一环节的目标是汇总和传达有关调查主题的重要结果和建议。

要点提示

一、电话调查总结的主要环节

（1）数据整理与校对

（2）数据统计与分析

（3）结果呈现与解读

（4）结论和建议提出

（5）报告撰写

二、电话调查总结的注意事项

（1）数据准确性

（2）结论和建议的合理性

（3）保密和数据隐私

（4）团队合作和交流

实践范例

以选题"××市60岁以上老年人消费现状与需求调查"为例，一般而言，进行电话调查总结需要完成以下几项工作。

工作一　数据录入和整理

要点提示

调查员在电话调查后，将收集到的数据进行录入和整理，包括整理问卷回收情况、清理和校验数据等。

✍ 实践范例

以选题"××市 60 岁以上老年人消费现状与需求调查"为例，要进行电话调查数据录入，可以参考以下步骤进行。

一、创建电子表格

使用电子表格软件创建一个新的工作表。

二、设定列标题

将每个问题的名称设为列标题。例如，可以设立"被调查者姓名""性别""年龄"等列标题。

三、添加数据行

为每个被调查者添加一行。可以按顺序逐行记录每个被调查者的数据。

四、录入基本信息

在相应的列中录入每个被调查者的基本信息，如姓名、性别、年龄等。这些信息有助于对数据进行进一步的分类和统计分析。

五、记录回答选项

根据每个问题的回答选项，将被调查者的回答录入到相应的列中。可以使用简洁的语言和缩写来记录回答选项，保持记录的一致性。

六、保持数据准确性

在录入数据时，确保准确记录每个被调查者的回答。如果遇到模糊或不清楚的回答，请及时澄清并确认，以避免错误数据的录入。

七、处理缺失数据

如果在录入过程中遇到被调查者没有回答某些问题的情况，可以在相应的单元格中记录"N"或其他代表缺失的标识符号。

八、校对数据

在完成录入后，仔细校对数据，检查是否有任何错误或遗漏。确保每个被调查者的数据按照正确的格式和顺序记录下来。

九、保存数据

将电子表格保存在安全的地方，以防止数据意外丢失或泄露。可以使用备份的方式，避免数据的损失。

以下是一个简单的数据录入表示例（表 11-3）。

在表格中，每列代表不同的数据字段，包括序号、姓名、性别、年龄、消费偏好和需求。每一行记录了一个被调查者的相关信息，例如名字、性别、年龄以及他们的消费偏好和需求。在实际调查过程中，可以根据具体的调查内容和需要，对表格进行适当的调整和扩展。

表 11-3　"××市 60 岁以上老年人消费现状与需求调查"数据录入表示例

序号	姓名	性别	年龄	消费偏好	需求
1	张三	男	65	旅游、购物	社交活动、保健品
2	李四	女	72	阅读、健身	长期护理、健康食品
3	王五	男	68	电影、文化活动	安全设施、社交
4	赵六	女	73	美食、音乐	健康体检、养生
5	钱七	男	61	健身、旅游	养老院、社区服务

数据录入表格可以帮助整理调查数据，使得数据记录更加有条理，从而易于分析。

工作二　数据分析和报告

要点提示

使用适当的统计方法和分析工具，对收集到的数据进行分析和解读。根据调查结果撰写详细的报告，包括数据总结、结果分析和结论等。

实践范例

以选题"××市 60 岁以上老年人消费现状与需求调查"为例，以下是基于该选题的详细数据分析和报告步骤：

一、数据清理

检查数据集中是否存在缺失值或异常值，并进行相应的处理，如填充缺失值或删除异常值。

确保数据的一致性和准确性，例如，检查数据格式是否统一，避免输入错误等。

二、描述性统计

统计参与调查的老年人的人数、性别比例、年龄分布等基本信息。

分析老年人的主要消费类型、消费频率、消费金额等指标。

根据调查问题，计算每个调查问题的回答频数和百分比，进一步了解老年人的消费现状。

三、分组分析

根据性别、年龄段、月收入等特征，对数据进行分组分析。

比较不同组之间的消费行为和消费偏好的差异，例如不同性别的消费喜好、不同年龄段的消费频率等。

四、需求分析

分析老年人的主要需求领域，例如医疗保健、休闲娱乐、社交活动、健身养生等。

了解老年人对这些需求的重视程度和满意度，以及在满足需求方面的困难和挑战。

五、数据可视化

制作适当的图表和图像，如柱状图、饼图、折线图等，以便更直观地展示消费现状和需求情况。

选择合适的图表类型来呈现不同指标的比较和趋势，使报告更具可读性和可理解性。

六、解读数据

解读数据分析结果，强调老年人在消费现状和需求方面的关键特点和趋势。

分析可能影响老年人消费行为和需求的因素，如收入水平、社会支持体系等。

说明不同性别、年龄段和收入水平的老年人在消费现状和需求上的异同，提供相关解释和推论。

七、结论和建议

总结调查结果，提出基于数据分析的结论和观点。

根据调查结果，提供具体的建议和措施，以满足老年人的消费需求，并改善他们的生活质量。

强调重要的改善领域和政策建议，如提供更多关于健康护理的信息、建立老年人友好型社区等。

八、撰写报告

编写报告正文，按照清晰的结构和逻辑进行组织，确保报告的连贯性和易读性。

引言部分简要介绍选题和调研目的，方法部分说明调查设计和样本情况，结果部分呈现数据分析结果和图表，结论和建议部分总结分析结果并提出相应建议。

九、校对和审查

仔细审查报告的内容、格式和语法，确保准确性和规范性。

确保报告的结论和建议与数据分析结果一致，并提供支持数据和相关引用。

工作三　质量控制和反馈

✍ 要点提示

进行质量控制，对调查员进行监督和检查，确保调查过程和结果的准确性。及时向调查团队和利益相关者提供调查结果的反馈。

✍ 实践范例

针对选题"××市 60 岁以上老年人消费现状与需求调查"，以下是一些可能适用的电话调查质量控制和反馈措施。

一、选派经验丰富的调查员

选择具有调查经验，并善于和老年人沟通的调查员。他们应接受有关老年人消费和需求的背景知识培训，了解调查目的，并能够与被访者建立良好的沟通关系。

二、监听和录音

在调查过程中，监控人员可以随机监听电话进行质量控制。他们可以实时评估调查员的表达清晰度、问题提问方式和对被访者回答的引导程度。录音也可用于后续审核。

三、标准化调查问卷

确保调查问卷设计清晰、明确，并针对老年人消费现状和需求提供具体问题和选项。使用标准化问卷可以保证每位被访者收到相同问题，便于数据的比较和分析。

四、重复拨打和回答核实

如有需要，可以多次拨打被访者电话以提高回答率和数据准确性。同时，在电话调查结束后，回答的结果可以再次核实，确保数据的准确性和一致性。

五、数据验证和清理

在数据采集过程中，进行数据验证和清理以确保数据的准确性和完整性。检查逻辑错误、缺失值和异常值等，可以帮助排除潜在的数据问题。

六、反馈和培训

定期对调查员进行反馈和培训。通过评估之前的调查结果和反馈意见，调查员可以了解需要改进的方面，并相应进行培训，提升调查技巧和专业水平。

以上措施将有助于确保电话调查针对老年人消费现状与需求的准确性和可靠性。同时，反馈和培训将促使调查员水平不断提高，并为提供有关老年人的消费习惯和需求信息提供有价值的数据支持。

总结与复盘

在采用电话调查法后，总结与复盘环节是非常重要的，能够帮助研究者总结经验教训，改进调查方法，并提高调查质量和效果。以下是总结与复盘环节的几个关键步骤。

一、回顾调查过程

回顾整个电话调查的过程，回顾实际操作中遇到的问题、面临的挑战，以及取得的成果。记录下电话调查的具体步骤和流程。

二、评估调查效果

评估电话调查的效果和质量。考虑到调查参与者的响应率、问卷的完成率、采集数据的准确性和可靠性等方面。对调查结果进行统计和分析，观察是否存在数据偏差或其他异常情况。

三、反思调查方法

反思所采用的电话调查方法，思考其有效性和适用性。考虑问题设计、对话技巧、采样方式、调查员培训等方面的问题。寻找改进的空间和机会。

四、分析问题与难点

分析在电话调查过程中出现的问题和难点。可能涉及识别合适的调查对象、建立有效的问卷管理系统、克服语言和沟通障碍等方面。思考如何解决问题，提高调查的效率和质量。

五、提取经验教训

总结经验教训，归纳出在电话调查中获得的有价值的经验。这些经验可以指导未来的研究和实践，帮助提高调查效果和质量。注意记录下所取得的成功经验，以及避免重复的错误。

六、思考改进方案

根据反思和总结的经验，提出改进电话调查方法的具体方案。考虑如何增加调查的可信度和可靠性，改进问卷设计和调查员培训，引入技术支持等。思考如何解决前述的问题和难点。

七、报告和分享成果

编写一份详尽的报告，包括电话调查的实施过程、结果分析和总结的经验教训。与相关人员和团队分享调查成果和经验，进行交流和讨论。借助反馈和建议，进一步完善电话调查的方法和过程。

以上环节可根据实际情况选择性地使用，并将相关信息和资料记录下来，手写、打印均可。通过以上步骤，研究者可以全面了解电话调查的执行情况，发现问题并提出改进方案，以提高未来调查的质量、效率和参与者满意度。

即 测 即 练

自学自测　　扫描此码

二手资料调查

大兴调查研究之风是克服形式主义、官僚主义的一个有效办法。现在我们了解情况的手段和渠道很多，有地方和基层上报的信息，有新闻媒体报道的材料，有各种会议发言反映的情况，还有互联网传递的社情民意。了解情况的渠道千条万条，但是调查研究要放在第一条，这是不可替代、不会失真的一条。通过二手材料了解情况是必要的，但不能代替亲身调研。

——《在中央政治局民主生活会上的讲话》（2022 年 12 月 26 日、27 日）

◇ 任务描述

- ◆ 根据选定的社会调查主题，制订贴合实际情况的二手资料搜集方案
- ◆ 评估并优选确定可执行的二手资料搜集方案，包括搜集方式、渠道、搜集的资料类型等；并综合考虑调查主题、调查背景因素等基本情况，进而调整和确定出切实可行的实施方案
- ◆ 根据调查方案，完成所需物料准备
- ◆ 根据所拟方案开展二手资料调查
- ◆ 对前期所得调查资料进行整理和归纳，并对此次调查情况进行总结

◇ 情景导入

确定了社会调查主题为"××市 60 岁以上老年人消费现状与需求调查"且选定二手资料调查为（其中一项）调查方法后，需要根据调查主题，明确在此主题之下，可供选择和值得通过二手资料方法获取的资料有哪些，并通过可行的方法和手段进行信息搜集。要明确为何使用二手资料调查、调查什么、如何调查等一系列问题，并对二手资料调查的特点做到心中有数，发挥此种调查方式的优势，以确保调查所得信息准确可靠，方法有效。

任务一　制订二手资料调查计划

任务描述

　　针对每小组的前期调查选题和总体计划，若在调查初期或实地调研过程中确定需要采用二手资料调查方法，则需要先制订二手资料调查计划。在此过程中需要深刻理解和明确二手资料调查方法与其他方法的最大区别，并有效发挥该方法的优势作用。制订的计划要切实可行，要充分调动小组成员的积极性，科学分工、发挥各自作用，保证该调查方法可行、有效。通过使用二手资料，探索和研究社会现象、问题和挑战。让团队成员了解社会问题的复杂性，从不同视角分析和理解社会问题，培养批判性思维和判断力。

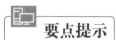

要点提示

一、二手资料调查的概念和特点

（一）二手资料调查的概念

　　二手资料调查就是在现有的资源中研究统计数据的方法。它有时被称为"案头调研"，因为你不用离开办公桌就可以完成。

　　二手资料调查一般包括两类：一类是质性的资料调查，另一类是定量的资料调查。从质性的角度看，调查包括研究综述、介绍或评述他人的观点、逻辑分析基础上的理论建构。从定量的角度看，调查即对资料进行定量分析，将非定量的材料转化为定量的数据，并依据这些数据对资料内容做出定量分析及关于事实的判断和推论。

（二）二手资料调查的特点

1. 历史性

　　它不是对社会现实情况的调查，而是对人类社会过去发生过的事情、已经获得的知识所进行的调查。

2. 间接性

　　它的调查对象既不是历史事件的当事人，也不是历史文献的编撰者，而是各种历史文献资料。

3. 非介入性和无反应性

　　它不介入文献所记载的事件，不接触有关事件的当事人。因此，在调查过程中，不存在与当事人的人际关系问题，不会受到当事人反应性心理或行为的影响。

二、二手资料调查的优点和缺点

（一）二手资料调查的优点

　　（1）二手资料调查可以超越时间、空间的限制，通过对古今中外文献的调查可以研究极其广泛的社会情况。

（2）二手资料调查是一种间接的、非介入的调查，只对各种文献进行调查和研究，而不与调查对象直接接触，不介入调查对象的任何活动，不会引起调查对象的任何反应。这就避免了直接调查中调查者与调查对象在互动过程中可能产生的反应性误差。

（3）二手资料调查是一种非常方便、自由、安全的调查方法。二手资料调查受外界因素制约较少，只要找到必要文献，就可随时随地研究，即使出现了错误，也可通过再次研究弥补，因而其安全系数较高。

（4）二手资料调查不仅省时、省钱，而且效率高。二手资料调查不需要大量研究人员，不需要特殊设备，可以用较少的人力、经费和时间获得更多的信息。

（二）二手资料调查的缺点

（1）通过二手资料调查所获得的主要是书面信息，不是活生生的现实，缺乏具体性和生动性。这是二手资料调查最大的局限性。

（2）二手资料的客观性和真实性往往难以保证。任何二手资料都会打上一定时代、一定社会条件的烙印，都会受到撰写者个人因素的影响和制约。

（3）二手资料调查经常会产生文献资料难寻觅、有效文献难找齐的缺憾。

📋 实践范例

以选题"××市60岁以上老年人消费现状与需求调查"为例，一般而言，进行二手资料调查计划的制订需要完成以下几项工作。

工作一　确定二手资料收集方向

✋ 要点提示

务必明确研究目的和研究问题。目的和问题不同，收集、描述的范围必然不同，资料分析的重点也必然不同。所以，二手资料调查的首要工作就是确定自己所要调查的问题，同时还要明确该方法在研究中是向导和基础，还是作为独立的方法使用，因为这会直接影响资料收集、整理、解读及分析的侧重点和方法。

✍ 实践范例

以"××市60岁以上老年人消费现状与需求调查"为例，假设使用二手资料调查的研究目的是了解该市60岁以上老年人的消费行为和需求情况。具体的研究问题可能包括但不限于以下几个方面。

一、老年人的消费行为

调查老年人的消费习惯、购买能力和消费偏好，了解他们在食品、医疗保健、居住、交通、休闲娱乐等方面的消费行为。

二、消费现状与趋势

分析老年人消费的现状和趋势，观察是否存在消费阻力、负担等问题，以及老年人消费行为的变化和发展趋势。

三、满足老年人需求的产品和服务

了解老年人对产品和服务的需求，探索老年人消费市场的潜力和机会，以及如何提供适合老年人需求的产品和服务。

四、社会支持和政策影响

调查社会对老年人消费的支持和政策的影响，包括福利保障、养老服务、退休金、医疗保险等方面，以及这些因素对老年人消费行为的影响。

五、消费需求与幸福感的关系

研究老年人的消费需求与其幸福感、生活质量的关系，探索如何通过满足消费需求来提升老年人的幸福感和福祉。

工作二　设计资料收集和描述大纲

✎ 要点提示

首先，要确定资料收集和描述的范围，即二手资料搜集的内容范围、时间范围和类别。其次，做好收集文献的准备工作，包括取得与文献所在单位或所有者个人的联系，并设计收集和描述大纲。

一、二手资料的种类

（1）统计数据。
（2）调查报告。
（3）历史档案。
（4）学术论文。
（5）媒体报道。
（6）公司报告。
（7）政府文件。
（8）在线社交媒体数据。
（9）历史记录。
（10）书籍。
（11）市场研究报告。
（12）学术期刊文章。

二、二手资料收集渠道

（一）图书馆和档案馆

图书馆和档案馆收藏了大量的书籍、期刊、报纸、照片等，可以通过检索目录或利用专业数据库获取相关资料。

（二）学术数据库

通过访问学术数据库，如知网、维普、万方等，可以查找并获取学术研究论文、期刊文章、会议文集等。

（三）政府机构和官方网站

许多政府机构在其官方网站上发布政策文件、统计数据、公告通知等，可以通过直接访问网站或进行在线检索获取。

（四）媒体平台和新闻机构

新闻机构的官方网站、电视台和报纸杂志等媒体平台上发布的新闻报道、专题报道等。

（五）在线社交媒体平台

通过搜索和跟踪特定话题、关键词或相关账号，可以获取在线社交媒体平台上用户发布的帖子、评论、问答等。

（六）公司和组织官方网站

很多公司和组织在官方网站上发布年度报告、财务报表、研究报告等，可直接访问网站或下载获取。

（七）历史文献和档案馆

历史文献、档案馆、博物馆等机构保存了大量的历史记录、手稿、文物等。

（八）在线调查和调研报告

参与在线调查或查看相关领域的调研报告，如市场调研数据、消费者洞察等。

（九）私人收藏与个人档案

个人收藏的书籍、资料、手稿、历史记录等，可以通过联系私人收藏者或相关个人获取使用许可。

（十）实地调研中的二手资料

在实地调研过程中也不能忽视对二手资料的收集，如与专家、学者、从业者等进行交流，可以获得他们的专业知识和经验，作为二手资料的补充。

✍ 实践范例

以"××市60岁以上老年人消费现状与需求调查"为例，以下是二手资料搜集的内容范围、时间范围、类别和渠道的可能选择：

一、内容范围

（1）老年人消费习惯和行为研究。

（2）老年人消费需求和偏好。

（3）老年人购物习惯和购买决策过程。

（4）老年人社交活动和休闲娱乐消费。

（5）老年人电子商务和在线购物行为。

（6）老年人养老服务需求和满意度等。

二、时间范围

有关老年人消费现状和需求的二手资料通常会涵盖一定的时间范围。具体的时间范围可以根据研究的要求和可用的二手资料进行确定。例如，过去 5 年的调研报告、历史统计数据等。

三、类别

（一）调研报告

近年来发布的关于老年人消费现状和需求的市场调研报告。

（二）统计数据

包括人口普查数据、消费者支出统计等，用于了解老年人人口信息和消费水平。

（三）学术论文

关于老年人消费行为、需求调查等方面的学术研究论文。

（四）媒体报道

关于老年人消费习惯、购物偏好等方面的新闻报道、专题报道等。

（五）公司报告

大型零售商、养老机构、消费品公司等发布的有关老年人消费现状和需求的报告。

（六）在线社交媒体数据

通过分析老年人在社交媒体上的讨论和分享，了解他们的消费需求和偏好。

四、渠道

（一）图书馆和档案馆

获取关于老年人消费调查报告、统计数据和学术研究论文等。

（二）学术数据库

查找并获取与老年人消费相关的学术研究论文和期刊文章。

（三）政府机构和官方网站

获取老年人消费政策、人口统计数据等官方发布的资料。

（四）媒体平台和新闻机构

搜索和获取关于老年人消费现状和需求的新闻报道、专题报道。

（五）公司和组织官方网站

获取大型零售商、养老机构、消费品公司等发布的有关老年人消费的报告。

（六）在线社交媒体平台

分析老年人在社交媒体上的讨论、意见和分享，了解其消费需求和偏好。

在实际操作过程中，需要根据具体研究目的和可用资源，根据内容范围、时间范围、类别和渠道选择合适的二手资料。

"××市 60 岁以上老年人消费现状与需求调查"二手资料收集大纲示例

（1）市级政府报告和统计数据。市级政府发布的人口统计数据和消费趋势报告；市级福利部门或高龄事务部门发布的有关老年人福利和养老服务的报告和政策文件。

（2）市场调研和调查报告。市场研究公司或专业调查机构发布的针对该市老年人消费行为和需求的调研报告；有关老年人购买力、消费偏好、消费行为等方面的调查结果和洞察。

（3）学术研究论文和期刊文章。学术期刊中关于老年人消费行为和购买决策等方面的研究论文；学术机构或大学开展的老年人消费相关研究项目产生的报告和调研结果。

（4）媒体报道和新闻文章。主流媒体、新闻机构和报纸刊物关于该市老年人消费现状和需求调查的报道和文章；电视、广播等媒体平台上的访谈节目、专题报道等关于老年人消费的内容。

（5）公司和机构内部报告和研究。大型零售商、养老机构、健康服务提供商等的内部报告、市场研究和消费调查；社会团体、志愿者组织等为老年人提供服务的机构的内部调查和反馈报告。

（6）在线社交媒体数据和用户讨论。通过社交媒体平台，收集老年人用户分享的关于购物体验、产品评价、需求表达等内容；加入老年人关注的在线社区，了解他们的消费讨论和需求反馈。

任务二 二手资料收集

任务描述

此阶段任务主要是在前期准备和铺垫的基础上，以小组为单位，开展二手资料调查和搜集。针对每小组的前期调查选题和总体计划，根据已拟订的调查方案收集二手资料。二手资料的媒体类型（即信息的表达方式）主要包括文字、图片和插图、数据和统计、音频和视频、社交媒体内容等。在搜集的过程中，要根据资料类型及时做好记录和简单整理，以便后期整理和使用。在搜集实践的过程中，要做到定期进行反思与思考，团队成员应思考自身的价值观、个人责任以及对社会问题的态度。思考个体在社会中的角色和影响力，培养自觉关注社会问题和积极行动的意识。

要点提示

一、二手资料收集的注意事项

此过程为实施过程，是由计划变为现实的重要环节，因前期准备时间、环境等因素影响，在实际操作过程中会出现许多意料之外的状况。因此，在收集二手资料的过程中，需要注意以下几点。

（一）确定可靠来源

确保选择来自可靠、权威来源的二手资料，如政府统计局、学术期刊、研究机构等，以提高资料的可信度和准确性。

（二）验证资料可靠性

在使用二手资料之前，验证和核实资料的准确性和真实性，查看资料的来源和采集方法，尽可能获取原始数据或参考多个独立来源的资料。

（三）提取全面信息

确保收集到的二手资料涵盖多个角度和来源，以获取全面和多样化的信息，避免对单一来源或个别观点产生过度依赖。

（四）注意样本偏差

如果二手资料涉及样本调查或统计数据，需要注意样本的选择是否存在偏差，例如，是否包含了足够多的代表性样本或涵盖了不同群体的数据。

（五）时间范围限定

确认二手资料的时间范围，特别是对经济、市场或社会趋势的分析，选择最新的资料以反映当前情况。

（六）引用和文献标注

在使用二手资料时，确保准确引用和标注资料的来源，以确保合法性和规范性，并方便读者查证。

（七）保护个人隐私

在收集和使用涉及个人信息的二手资料时，务必确保遵守隐私保护法，保护资料涉及人员的隐私权。

（八）存储和保管安全

妥善存储和保管收集到的二手资料，确保数据安全和保密性，避免泄露或意外丢失。

（九）建立跟踪记录

建立清晰的记录和文档，记录收集到的二手资料的详细信息，包括来源、采集时间、可靠性评估等，方便后续跟踪和查证。

在收集二手资料时，以上要点有助于更加谨慎和有效地获取、验证和处理资料。根据特定的研究目的和要求，可以进行进一步的调整和补充。

二、二手资料信息记录

（一）标记

标记就是在书上做记号。记号有许多种，最常见的是在字下面加点或画线。加点即加着重点。加点的字句就是全句或全段中最重要的部分。画线的目的与加点一样，只是字数少时加点，字数多或成句时就画线。线有直线、曲线、单线、双线、上下夹线等。需要注意的是，无论是加点还是画线，都不宜过多过密。过多过密，反而使人找不到重点。

（二）眉批

眉批是指在页眉或页脚写上阅读文献时的简要心得、体会、评语、疑问或订误、校文、音注等。这种记录形式和标记一样，简单、方便，随读随写。

（三）抄录

抄录就是把文献中有价值的信息抄下来。抄录有全录和摘录两种方式。全录就是一字不漏，全文照抄。摘录就是只将有价值的、自己需要的信息摘要抄录下来。

抄录信息一般应抄录在活页上，或输入电脑上设置的有关文档或文件夹里。抄录时，一定要注明出处（作者、书名或篇名、卷次、页码、出版单位、出版日期等）。有的人只注意抄录文献内容，而忽略注明出处，导致使用时找不到文献出处。如果用活页抄录信息，应该一条信息一张活页，并注明题目，指出信息属于什么主题；如果用电脑输入信息，应该每条信息一个文档，一类信息一个文件夹，并注明题目，指出信息属于什么主题。只有这样，在整理资料时才便于按照文档、文件夹题目归类。

（四）提纲

提纲就是把整本书或整篇文章的内容要点用简括的语句，以条目的形式依次记载下来。这样写提纲有助于掌握全书或全文的内容和逻辑结构，加深对原文献思想脉络的认识。写提纲前，要仔细研究全书或全文，从总体指导思想到各部分内容都要弄得十分清楚。提纲要力求全面、系统，叙述要简明，真正反映出原文献概貌。

（五）札记

札记指在阅读文献后记下来的心得、感想、批评、疑点、意见等。札记带有初步研究性质，是一种高级记录形式。札记应包括两方面内容：一是陈述文献的主要内容，说明从中能知道什么；二是评价它的长处和短处，说明它从专业角度能提供什么信息。

实践范例

以选题"××市 60 岁以上老年人消费现状与需求调查"为例，以下是记录二手资料收集信息的方法示例。

工作一　进行资料阅读和综述

要点提示

仔细阅读和评估找到的二手资料，包括浏览摘要、引言、方法和结果等，以确定其与研究问题的关联性和可靠性。

实践范例

以"××市 60 岁以上老年人消费现状与需求调查"为例，进行二手资料综述和阅读可以尝试从以下方面着手：

进行文献综述和阅读时，可以按照以下步骤进行。

一、确定搜索策略和关键词

根据研究目标，确定适当的搜索策略和关键词，例如"××市老年人消费行为"和"××市老年人需求"。

二、搜索合适的二手资料来源

使用学术数据库搜索相关的学术文献、报告和调查数据。还可以查找市场研究报告、政府统计数据、专业机构的调研资料等。

三、筛选文献

从搜索结果中筛选与研究主题相关的文献，首先查阅标题和摘要，判断其与研究问题的关联性和相关性，然后进一步阅读完整文献以评估其可信度和科学性。

四、阅读文献并记录关键信息

仔细阅读选定的文献，了解研究的背景、目的、方法和结果。记录关键信息，如样本规模、研究设计、消费行为或需求的发现等。

五、分析和综合文献

比较文献间的差异和一致性，分析和总结调查的方法和结果，洞察现有研究的局限性和需求空白，找出未解答的问题，进一步明确研究方向。

六、撰写文献综述

根据阅读的文献，撰写文献综述，并结合分析的结果，呈现目前关于"××市60岁以上老年人消费现状与需求"的现有研究成果和知识演变。

工作二 提取和整理关键信息并进行汇总

✍ **要点提示**

从二手资料中提取关键信息，包括数据、观点、结论等，整理并以适当的格式储存，以备后续分析使用。

✍ **实践范例**

实践范例见表12-1。

表12-1 "××市60岁以上老年人消费现状与需求调查"二手资料记录表示例

序号	资料来源	作者	标题	日期	摘要
1	研究机构报告	×××研究所	××市老年人消费现状分析报告	××××年××月	分析了××市60岁以上老年人的消费习惯、消费品类和消费趋势

序号	资料来源	作者	标题	日期	摘要
2	学术期刊文章	×××	老年人消费需求调查研究	××××年××月	探讨了××市老年人的消费需求与满意度，并提出改进建议
3	政府统计数据	×××统计局	××市老年人消费指标统计年鉴	××××年××月	提供了××市老年人消费收入、支出和消费结构的数据
4	新闻报刊文章	×××	老年人消费市场潜力持续增长	××××年××月	报道了××市老年人消费市场的发展趋势和机遇
5	公司市场调研报告	×××数据研究公司	老年人消费行为与市场潜力	××××年××月	分析了××市老年人消费行为特征和市场潜力

以"××市60岁以上老年人消费现状与需求调查"为例，进行二手资料信息提取和整理的主要工作有：

一、创建文档或电子表格

建立一个文档或电子表格，以便记录收集到的二手资料信息。可以设置不同的字段，包括资料来源、作者、标题、日期、摘要等。

二、按文献类型分类

将收集到的二手资料按照不同的文献类型进行分类，如研究报告、学术论文、新闻报道、统计数据等。在记录信息时，可以添加字段以标识文献类型。

三、确定关键信息

根据选题需求，确定需要记录的关键信息。例如，收集到的资料可能涉及老年人消费习惯、消费品类、消费行为、需求调查结果等。确保记录的信息涵盖选题的关键要素。

四、按照时间顺序记录

在文档或表格中按照时间顺序记录收集到的二手资料。标注每份资料的日期和来源，以便后续跟踪和分析。

五、摘录重要信息

在记录资料信息时，可以摘录资料中的重要信息，如关键数据、统计结果、观点或案例。摘录时可以使用引号并注明出处，确保准确引用和记录。

六、添加注释和个人观点

在记录信息的同时，可以添加个人观点、疑问或注释，以便在后续回顾时能够理解背后的含义和思考。

七、使用链接或引用书签

对于电子文档或网页资料，可以使用链接或引用书签，方便在需要时快速查看原始资料。

八、统一格式和规范

在记录二手资料信息时，保持格式和规范一致。例如，使用相同的引用格式、日期格式和标点符号，以便在后续使用和引用时统一。

通过以上方法，可以及时记录收集到的二手资料信息，并保证信息的准确性和整体性。及时记录和组织资料，可以为后续的分析和报告撰写提供支持和参考。

任务三　二手资料整理分析

任务描述

二手资料调查总结是对收集到的二手资料进行综合分析和提炼，进而得出结论和洞见的过程。在此环节中，小组成员需要依据分工对前期收集到的二手资料进行整理、汇总和分析使用，以便最终形成结论。在收集到二手资料后，组织参与者进行分析与讨论。参与者从社会价值观的角度，对资料进行深入剖析、评论和辩论。通过思辨性的讨论，促使参与者对社会问题和社会责任有更深层次的认识和理解。

要点提示

一、二手资料整理方法

整理二手资料可以使用以下方法：

（一）分类和归档

根据二手资料的主题或类型进行分类，创建文件夹或使用标签进行归档。这样可以方便查找和组织资料。

（二）设定目录结构

为二手资料创建清晰的目录结构，分层次组织文件夹和子文件夹。根据需要，可以按照时间、主题、来源等进行层级划分。

（三）标注文件名和关键信息

给每个文件命名时，可以包含关键信息，如作者、日期、来源和标题等。这样可以在文件名中快速获取关键信息，也便于检索。

（四）摘录和注释

在阅读二手资料时，可以摘录或在文档中做标注。标明关键观点、重要数据和引用位置，以便后续查找和引用。

（五）制作索引或目录页

创建索引或目录页，列出每个二手资料的基本信息，如标题、作者、日期和摘要。这样可以快速浏览整个资料库，并找到需要的资料。

（六）使用标签或标记工具

在文件或文件夹中使用标签或标记工具，以快速标识文件的重要性、紧急性或关联性。可以使用颜色、符号或数字等标记方法。

（七）数字化处理

对于纸质资料，可以使用扫描仪或手机应用将其数字化。这样可以统一管理电子文件，并方便搜索和共享。

（八）定期清理和更新

定期检查和清理二手资料，删除过期或不再需要的文件。同时，及时更新相关资料，确保资料库的时效性。

以上方法可以根据个人偏好和需求进行灵活调整。关键在于建立一个简洁、有序、易于查找和维护的二手资料库，以提高工作效率和信息管理能力。

二、二手资料分析方法

分析二手资料信息的方法可以根据具体情况和研究目的进行选择。以下是一些常用的二手资料信息分析方法。

（一）文本分析

对文本资料进行内容分析，提取关键词、主题和观点。可以使用文本挖掘和自然语言处理技术，如词频统计、情感分析、主题模型等。

（二）数据统计分析

对数值型数据进行统计分析，得出数据的分布、关联和趋势。常用的统计方法包括描述性统计、回归分析、方差分析等。

（三）比较分析

将不同来源、时间或群体的二手资料进行对比分析，找出差异和变化趋势。可以使用图表、表格和可视化工具进行比较展示。

（四）综合分析

将多个二手资料进行综合分析，形成全面的认识和理解。可以采用归纳和演绎的思维方式，整合不同资料源的信息，发现模式和规律。

（五）文献综述

对多个二手资料进行综述和评价，提炼共性、差异和新的见解。可以分析不同资料的论点、证据和结论，并提出自己的理解和观点。

（六）趋势分析

通过分析历史数据和趋势，预测未来的发展趋势和可能的变化。可以使用时间序列分析和预测模型，如 ARIMA、回归分析等。

（七）地理信息分析

对具有地理属性的二手资料进行地理空间分析，揭示地理模式和关联。可以使用地理信息系统（GIS）工具进行地图可视化、热点分析等。

（八）质性分析

对文本资料进行质性研究，关注并深入理解问题的背景、动机和意义。可以使用内容分析、故事分析、主题分析等方法。

以上方法可以单独或结合使用，根据研究目标和数据类型进行选择。此外，还可以根据需求调整方法的具体步骤和工具，以获得更准确和有意义的二手资料信息分析结果。

以选题"××市60岁以上老年人消费现状与需求调查"为例，一般而言，进行二手资料调查总结环节，需要完成以下工作。

工作一　资料整理

要点提示

刚收集到的资料非常庞杂，必须经过整理才能很好地为研究服务。在社会调查中，资料整理首先是对所获资料进行检查、核实，并对错误和遗漏加以修正、补充，然后将其分类编码，再进一步综合简化。

资料的整理要掌握以下原则：一是条理化，即资料整理要有一定的时序，整理后的资料不能是散乱和无规律可循的；二是系统化，即资料整理要有一定的逻辑，整理后的资料之间要有一定的相关关系，成为一个有机整体；三是简明化，即要保证整理后的资料能最大限度地体现研究主旨。

实践范例

以下是以选题"××市60岁以上老年人消费现状与需求调查"为例的二手资料整理示例。

一、文件夹命名

创建一个名为"老年人消费调查"的文件夹作为整理二手资料的主目录。

二、子文件夹分类

在"老年人消费调查"文件夹中创建多个子文件夹，用于对不同类型的二手资料进行分类。

（1）调研报告：与消费现状和需求调查相关的研究报告、调研报告等。

（2）统计数据：涉及老年人消费数据的统计数据、调查问卷结果等。

（3）新闻报道：有关老年人消费现状和需求的新闻报道和文章。

（4）行业分析：对老年人消费行为和趋势的行业分析报告和研究论文等。

（5）市场调研：有关相关市场和竞争环境调研的报告和分析资料等。

三、文件命名和标注

对于每个二手资料文件，在命名时包括关键信息，如报告名称、研究机构、日期等。

可以在文件名或文件属性中添加标注，如关键词、摘要等，以便快速查找和浏览。

四、摘录和归档

在阅读二手资料时进行摘录和注释，根据主题的不同可以将摘录内容保存到一个独立的文件或以注释形式保存在原文件中。摘录可以包括重要观点、数据、引用等，便于后续引用和分析。

五、综合分析

根据调查报告、统计数据和行业分析等资料进行综合分析。可以比较不同资料来源的结论，分析数据变化趋势，提炼共性和差异，以全面了解老年人消费的现状和需求。

六、索引和目录页

创建一个索引或目录页，列出每个二手资料的基本信息，如标题、作者、日期和摘要。可以按照文件夹分类，或按照时间顺序进行排序，方便浏览和查找。

通过以上整理示例，可以建立一个以"××市60岁以上老年人消费现状与需求调查"为主题的二手资料库，以清晰的分类和标注方式整理、存储和管理相关资料。这样可以方便后续的查找、分析和引用，提高研究效率和准确性。

工作二 资料解读与分析

✎ 要点提示

资料的解读一般包括两个阶段：第一个阶段是浏览，争取在较短的时间内简单了解整理好的资料的基本内容和特点，不需要掌握、理解和记忆其具体内容。浏览的目的是了解资料的全貌，分辨出哪些资料的研究价值和意义最大，为以后的精读做准备。第二个阶段是精读，即理解性阅读。通过精读，要深入理解和掌握资料中有价值和意义的内容，同时要作出正确而客观的评价。这个阶段既是理解的过程，也是概括和再次升华的过程。研究者既要把资料内容同调查课题结合起来，又要有效鉴别资料的真伪和内容的可靠程度。

资料分析包括统计分析与理论分析。前者主要是定量分析，将非定量的资料转化为定量的数据，并依据这些数据进行内容分析、二次分析和现存统计资料分析等，主要方法是统计方法、数理方法和模拟法；后者则是定性分析，包括逻辑分析、历史分析、比较分析、系统分析等。社会调查使用的具体定性分析方法还有结构分析、功能分析、社区分析、阶级分析、角色分析等。

上述过程并不是一种直线式的过程，根据研究的需要常常要重复其中的某个过程。比如，如果在分析阶段觉得收集的资料不够充分，就需要重新收集资料、整理资料和阅读资料。在这样一个不断重复的过程中，不断概括和明晰自己研究的问题，最终形成调查报告。

✍ **实践范例**

以下是以选题"××市 60 岁以上老年人消费现状与需求调查"为例的二手资料解读与分析示例。

一、综合调研报告

首先，阅读调研报告并理解其主要结论和发现。其次，分析调查结果，了解老年人消费的整体现状和趋势。

二、统计数据分析

对涉及老年人消费的统计数据进行分析和解读。例如，分析不同年龄段的老年人消费水平和消费习惯，识别特定产品或服务的消费热点和偏好。

三、行业分析研究

阅读相关行业分析报告和研究论文，了解老年人消费市场的竞争状况和发展趋势。分析行业报告中提到的关键洞察和市场机会，以及影响老年人消费的因素，如健康、安全和社交需求等。

四、市场调研资料

研究市场调研资料，了解产品和服务提供商在满足老年人消费需求方面的策略和创新。分析市场调研报告中的市场规模、增长率、市场份额等数据，以及报告中指出的潜在发展机会。

五、文献综述

进行文献综述，总结和评价多个二手资料的观点和结论。整合相关的学术研究、学术期刊文章，了解领域内专家对老年人消费现状和需求的看法，结合实际调查数据进行分析。

六、趋势分析

对于历史数据和趋势资料，进行趋势分析，预测未来的发展方向和变化趋势。根据数据和资料，推测老年人消费的活力、兴趣和可能的变化，为未来的决策提供参考。

通过以上分析示例，可以深入了解"××市 60 岁以上老年人消费现状与需求调查"的二手资料，从不同角度解读和分析调查结果，包括消费习惯、消费偏好、消费动机、市场机会等方面的内容。

✍ **调查报告示例**

"××市 60 岁以上老年人消费现状与需求调查"

摘　　要

本调查报告旨在了解"××市 60 岁以上老年人消费现状与需求"，以帮助政府、企业和社会组织更好地满足老年人的消费需求和改善他们的生活质量。通过问卷调查和统计数据分析，得出以下主要结论。

一、消费现状

（1）老年人整体消费水平稳步增长，特别是在医疗保健、文化娱乐和旅游方面的支出有明显增加。

（2）应季商品和日常生活用品仍然占据老年人消费的主要部分，但高品质养老服务和健康产品的需求逐渐增加。

二、消费偏好

（1）食品和饮料方面，老年人更注重营养和健康，对有机食品和天然饮料有较高的青睐度。

（2）文化娱乐方面，老年人普遍积极参与社区文化活动、养生兴趣班和旅游活动，对亲子活动和音乐演出等文化消费有一定需求。

（3）养老服务方面，老年人对医疗保健、养老院和社区养老服务设施的需求增加，关注服务品质、价格透明和社交互动等方面。

三、消费需求

（1）健康养生方面，老年人希望有关健康管理、疾病预防、长寿保健的信息和服务更加丰富、便捷。

（2）社区服务方面，老年人期望有更多的社区活动、社交互动和社区服务设施，提供关怀、娱乐和知识传播等功能。

（3）养老院和医疗机构方面，老年人关注服务质量、安全保障、价格透明和医疗技术的发展。

四、结论与建议

根据调查结果，我们建议政府、企业和社会组织采取以下措施：

（1）增加对老年人健康养生的宣传和服务，鼓励健康饮食、适度运动和定期体检。

（2）加强社区服务设施建设，提供更多社区活动、社交互动和娱乐设施。

（3）提升养老院和医疗机构的服务质量，加强安全保障和人性化管理。

总结与复盘

进行二手资料调查后的总结与复盘，可以采取以下有针对性的步骤。

一、评估数据来源的可靠性

对每个二手资料来源进行详细评估，包括验证其可靠性、权威性和准确性。考虑数据的来源、采集和处理过程，以及可能存在的偏见或误差。

二、分析数据的适用性

对二手资料的适用性进行分析，检查数据是否与研究问题紧密相关，是否能够提供足够的信息来回答研究问题。评估数据的完整性、代表性和时效性。

三、比较不同数据来源

如果使用了多个二手资料来源，比较它们之间的差异，并尝试理解这些差异产生的原因。分析不同数据来源的可靠性和精确性，并确定其中的优势和劣势。

四、挖掘数据的潜在关联

在二手资料中发现可能的关联性和趋势。分析数据的变化、模式和趋势，并尝试提取其中的关键信息，以便进一步解释研究问题。

五、反思数据的局限性

识别和评估二手资料的局限性和不足之处。考虑数据的偏见、缺失信息、样本限制等问题，并提出改进方法或建议。

六、总结数据应用经验

总结在使用二手资料调查过程中所学到的有价值的经验。思考如何更好地选择、评估和应用二手资料，以增强调查的可靠性和有效性。

七、制定改进策略

基于反思和总结的经验，制定改进二手资料调查的具体策略和方法。思考如何提高数据来源的质量、拓宽数据获取渠道、加强数据验证手段等方面的改进措施。

八、讨论和分享成果

与相关研究人员和团队分享调查结果、实践总结和改进策略。进行讨论和交流，以获取更多反馈和建议，并进一步完善二手资料调查的过程和细节。

以上环节可根据实际情况选择性地使用，并将相关信息和资料记录下来，手写、打印均可。根据以上有针对性的步骤，研究者可以对二手资料调查进行深入思考、总结经验教训，并提出具体的改进措施，从而增强调查的可靠性、有效性和影响力。

即 测 即 练

自学自测　　扫描此码

项目十三

社会调查资料整理与分析

善于获取数据、分析数据、运用数据，是领导干部做好工作的基本功。各级领导干部要加强学习，懂得大数据，用好大数据，增强利用数据推进各项工作的本领，不断提高对大数据发展规律的把握能力，使大数据在各项工作中发挥更大作用。

——习近平总书记在十九届中央政治局第二次集体学习时强调，2017.12.8

 任务描述

◆ 根据社会调查原始资料进行审核与复查
◆ 结合前期的调查问卷数据，进行数据编码，制作合格的统计图表
◆ 根据整理的数据，进行集中趋势分析和离散程度分析
◆ 根据样本数据对总体参数进行点估计、区间估计和参数检验

 情景导入

在社会调查过程中，运用各种方法收集到的调查资料往往不能直接为研究者提供有效的信息，需要对资料进行整理分析，即运用一些手段把原本杂乱无章、无法直接分析的原始资料整理成系统的、完整的和较为直观的资料，以便研究者能够在此基础上进行资料分析。

任务一　社会调查资料整理

 **任务描述**

资料整理是运用科学的方法，将调查所得的原始资料按调查目的进行审核汇总与初步加工，使之系统化和条理化，并以集中简明的方式反映调查对象总体情况的过程。

要点提示

社会调查资料整理主要包括对原始资料的审核、复查，对问卷资料进行编码、录入和数据清理等内容。

工作一　资料的审核

要点提示

一、资料审核的概念

资料的审核是资料处理的第一步。它是指研究者对调查所收集的原始资料（主要是问卷）进行初步的审查和核实，校正错填、误填的答案，剔除乱填、空白和严重缺答的废卷。其目的是保证资料的真实、准确、完整、有效，从而为科学的整理与分析打下基础。

二、资料审核的方法

资料审核有两种方法：一种做法是，在调查过程中进行，即边调查边审核；另一种做法是，先将调查资料全部收集回来，然后再集中时间进行审核。这种资料审核方式称为系统审核或集中审核。

实践范例

针对"××市 60 岁以上老年人消费现状与需求调查"项目，某研究院挑选并培训了 10 名调查员，采取个别发送的方式收集资料，调查时间集中在某两周内。这 10 名调查员根据所抽样本的名单，每天分赴各个街道、居委会，登门发送问卷，由被调查者自己填答；三天后，调查员一面继续发送新问卷，一面将填好的问卷逐一收回。问卷收回后，每名调查员随即进行问卷填答情况的审核工作，一旦发现填答错误，或漏填误填，或其他一些有疑问的情况，就及时返回被调查家庭，重新向被调查者进行询问核实。这样，当调查资料的收集工作全部结束时，资料的审核工作也已完成。这种资料审核的方式称为实地审核。

如果采用系统审核的方式，则是让 10 名调查员先将全部问卷登门发放，待被调查者填答后，全部收回。再集中时间对所收回的全部问卷进行统一集中的审核。最后，对审核中发现的问题，让调查员再次返回调查地点，登门向被调查者进行核实及询问。

工作二　资料的复查

要点提示

资料的复查，是指研究者在调查资料收回后，安排其他人对所调查样本中的一部分个案进行第二次调查，以检查和核实第一次调查的质量。

复查的基本做法是：由研究者自己或者由研究者重新选择另外的调查员，从原来的调查员所调查过的样本中，随机抽取 5%～15% 的个案重新进行调查。一方面核实原来的调查员是否真的对个案进行过调查；另一方面可将两次调查的结果进行对比，以检查第一次调查的质量。

✍ **实践范例**

对"××市 60 岁以上老年人消费现状与需求调查"进行复查，若有 100 份调查资料，可选取 10 份进行复查，核实第一次调查的真实性程度，以及复查第一次调查的质量。

工作三　资料的编码

✍ **要点提示**

资料的编码是统计分析的前期准备工作，主要应用于定量资料。编码是将问卷中的资料用数字或其他简单符号来表示。问卷通常是由一系列问题组成的。每一份回收的问卷反映了一个研究对象对调查问题的具体回答。这些回答中，有些本身是数字，如年龄、收入、工作年限等，但大部分是文字形式的回答，如性别、职业、文化程度等。为了便于汇总和进行统计分析，需要把这些文字形式的回答转化为数字或其他简单符号。编码的具体形式是，用一个变量表示问卷中的一个问题，用变量不同取值表示这个问题的不同回答。

✍ **实践范例**

以"××市 60 岁以上老年人消费现状与需求调查"为例

1. 您的文化程度是_____。（单选）

A. 小学及以下　　　B. 初中　　　C. 高中或中专　　D. 大专　　　　　E. 本科及以上

2. 您目前的收入来源有_____。（多选）

A. 退休金　　　　B. 养老金　　C. 积蓄　　　　D. 社会救济　　E. 子女供养

F. 工资（劳动收入）

工作四　资料录入

✍ **要点提示**

经过编码处理，调查所收回的问卷中的每个具体答案都已成功地、系统地转换成了由 0～9 这 10 个阿拉伯数字构成的数码，接下来的任务就是将这些数码输入计算机，以便进行统计分析。数据录入主要有两种方法，一种方法是直接在 SPSS 软件上输入数据，另一种是采用比较专门的数据库管理软件，如 FoxPro、Excel 等来输入数据。两种方法的软件操作都十分方便，但从两类软件的特点和输入方法看，专门性的数据库管理软件往往能够更好地保证输入的正确性，并减少输入数据时的差错。

工作五　数据清理

✍ 要点提示

在数据资料的转换或录入过程中，难免会产生一些由主观原因造成的误差。因此，在开始进行统计分析之前，应仔细地进行数据清理工作，避免错误数据进入运算过程。数据清理工作是在计算机的帮助下进行的，通常研究者可采取下列几种清理方法。

一、有效范围清理

对于问卷中的任何一个变量来说，有效的编码值往往都有某种范围，而当数据中的数字超出了这一范围时，可以肯定这个数字一定是错误的。

二、逻辑一致性清理

逻辑一致性清理的基本思路是依据问卷中各个问题之间所存在的某种内在的逻辑联系，来检查前后数据之间的合理性。

三、数据质量抽查

如果数据录入时输入的错误数据在正常有效编码值范围之内，那么，查出这类输入错误的唯一办法就只能根据原始问卷，逐份问卷、逐个答项进行核对。由于这种方法核对的工作量过大，一般只能采用随机抽样方法，从全部样本中随机抽取一部分问卷进行核对，再用这一部分问卷校对的结果，来评估全部问卷的数据质量。

✍ 实践范例

"××市 60 岁以上老年人消费现状与需求调查"的数据清理如下所示：

如果在数据文件的"性别"这一变量栏中，出现了数字 5、7 或 8 等，我们马上可以判定这是错误的编码值。因为根据编码手册中的规定，"性别"这一变量的赋值是 1＝男，2＝女，0＝无回答。

问卷中有一对相倚问题。其过滤性问题是"您是否有子女？"答案为"有（编码为1）"和"没有（编码为2）"。后续性问题是"是否与子女同住？"答案为"是（编码为1）"和"否（编码为2）"。那么对于前一问题中回答"没有"的人（即编码为2的人），在后一问题中的回答应该是"否（编码为2）"。如果出现了1或者3这样的数字，说明这些数据一定有问题，前后并没有保持正确的逻辑关系。

工作六　统计图表分析

要点提示

统计表与统计图是数据资料经过汇总、分组统计后所得结果的表现形式。统计表通常由总标题、横行标题、纵栏标题、指标数值四部分组成。有的统计表增加补充资料、注释、附记、资料来源等。统计图可以简洁直观地表示统计表中的数据，可以帮助我们从众多的数据中发现规律，可以更迅速、更有效地传递信息，给人以明确而深刻的印象。统计图主要有条形图、圆形图和折线图三种。

实践范例

在"××市60岁以上老年人消费现状与需求调查"中，老年人平均每月收入大约是多少？用统计表和统计图表示如表13-1、图13-1～图13-3所示。

表 13-1　××市 60 岁以上老年人平均每月收入

收入（元）	人数（人）	比例（%）
1000 以下	50	10
1000~3000	100	20
3000~5000	250	50
5000 以上	100	20
合计	500	100

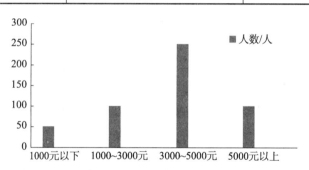

图 13-1　××市 60 岁以上老年人平均每月收入分布图

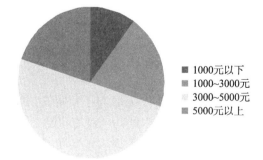

图 13-2　××市 60 岁以上老年人平均每月收入分布图

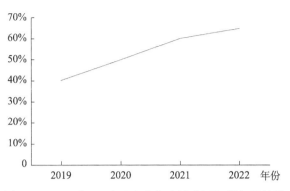

图 13-3　××市 60 岁以上老年人消费逐年增加的情况

任务二　社会调查资料分析

对社会调查得来的大量、零星而分散的资料进行审核和整理之后，进入资料的分析阶段。这一阶段是进一步深化认识的过程。统计分析是运用各种统计分析方法，对经过加工整理的调查统计资料所作的分析研究。根据分析研究目的，通过计算和分析一系列统计指标，揭示所研究的社会经济现象和数量关系及其变化规律，得出科学的结论，并对未来趋势作出合理的推断。

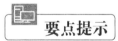

统计分析可分为描述性分析和推断性分析两大类。描述性分析是对已经初步整理的数据资料进行分析，并用统计量对这些资料进行描述的一种方法，包括集中量数分析、离散量数分析等方法。推断性分析是在随机抽样调查的基础上，根据样本资料或其他资料对总体进行推断的一种方法，主要包括相关分析、回归分析、统计推论等方法。以下具体介绍几种分析方法。

工作一　集中量数分析

要点提示

集中量数指一组数据向某一中心值靠拢的趋势，又称平均数。它表明同类社会经济现象在一定时间、地点条件下所达到的一般水平。从不同角度考虑，集中量数的测度值有多个，如众数、中位数、均值等。

一、众数（*Mo*）

众数是一组数据中出现次数最多的变量值。它是一种根据位置确定的平均数，用 *Mo*

表示，它不受极端值的影响，用众数反映一组数据的一般水平。

（一）单变量值分组数据的众数

根据单变量值分组数据确定众数，只需找出出现次数最多的变量值即为众数。

（二）组距式分组数据的众数

由组距式分组数据确定众数，首先确定出现次数量最多的一组为众数组，然后再利用下限公式或上限公式计算。

$$Mo = L + \frac{\Delta_1}{\Delta_1 + \Delta_2} \times d \text{（下限公式）}$$

$$Mo = U - \frac{\Delta_1}{\Delta_1 + \Delta_2} \times d \text{（上限公式）}$$

式中：Mo 表示众数；L 表示众数所在组的下限；U 表示众数所在组的上限；Δ_1 表示众数组的次数与其前一组次数之差；Δ_2 表示众数组的次数与其后一组次数之差；d 表示众数组的组距。

二、中位数（Me）

中位数是数据按大小顺序排列后，处于中间位置的那个变量值，用 Me 表示。中位数将所有数据分为两半，一半数据比中位数大，另一半数据比中位数小。

（一）未分组数据的中位数

根据未分组数据计算中位数，先把总体各单位的变量按大小顺序排列，然后用 $\frac{N+1}{2}$（N 代表总体单位数）来计算中位数在数列中的位置，该位置所对应的变量值就是中位数。当 N 为奇数时，数列中只有一个居中的变量值，该变量值就是中位数；当 N 为偶数时，数列中有两个居中的变量值，中位数是这两个变量值的简单算术平均值。

（二）组距式分组数据的中位数

根据分组数据计算中位数，此时原始数据已被隐去，不能直接对其排队，求其准确的中位数值，而是先找出中位数所在组，即 $\frac{\sum f}{2}$ 的位置，再应用下限公式或上限公式确定中位数的数值。

$$Me = L + \frac{\frac{1}{2}\sum f - S_{m-1}}{f_m} \times d \text{（下限公式）}$$

$$Me = U - \frac{\frac{1}{2}\sum f - S_{m+1}}{f_m} \times d \text{（上限公式）}$$

式中：Me 表示中位数；L 表示中位数所在组的下限；U 表示中位数所在组的上限；f_m 表示中位数所在组的次数；$\sum f$ 表示总次数，即各组次数之和；$\frac{1}{2}\sum f$ 表示中位数所在位置；S_{m-1} 表示中位数所在组以前各组的累计次数；S_{m+1} 表示中位数所在组以后各组的累计次数；d 表示中位数所在组的组距。

三、均值（$\overline{X}$）

均值就是算术平均数，用 $\overline{X}$ 表示。算术平均数是平均数最普遍的形式，是数据集中趋势的最主要测度值。

（一）简单算术平均值

如果统计资料中总体单位数较少，且已知各单位的标志值，此时可用简单算术平均数计算平均数，计算公式为：

$$\overline{X} = \frac{X_1 + X_2 + \cdots + X_n}{n} = \frac{\sum\limits_{i=1}^{n} X_i}{n}$$

式中：$\overline{X}$ 表示算术平均值；X_1，X_2，$\cdots$，X_n 分别表示各个单位的标志值；n 表示总体单位数。

（二）加权算术平均值

如果统计资料中总体单位数较多，且标志值变动值范围较大时，需要对之进行分组形成分配数列，再用加权算术平均数公式加以计算。

$$\overline{X} = \frac{X_1 f_1 + X_2 f_2 + \cdots + X_n f_n}{f_1 + f_2 + \cdots + f_n} = \frac{\sum\limits_{i=1}^{n} X_i f_i}{\sum\limits_{i=1}^{n} f_i}$$

式中：$\overline{X}$ 表示算术平均值；f_i 表示权数；n 表示总体单位数。

工作二　离散量数分析

✍ 要点提示

数据的离散程度反映的是分布的差异程度，它是数据分布的另一个重要特征，也称为离散量数。对离散量数的度量，可通过以下几个离散程度的代表值来进行。

一、异众比率（V_R）

异众比率是指非众数的次数与总体全部次数之和的比例，是一种适用于定量测量类型的离散程度统计量，用 V_R 表示。计算公式为：

$$V_R = \frac{n - f_{M_o}}{n}$$

式中：V_R 表示异众比率；f_{M_o} 表示众数的次数；n 表示总体全部次数之和。

二、四分位差（Q）

四分位差是指把一组数据按大小顺序排列，然后分为四个数据相等的段落，各段落分界点上的数为四分位数。第一个四分位数为 Q_1，包括以下 25% 的数据。第二个四分位数为 Q_2，即为中位数，包括以下 50% 的数据。第三个四分位数为 Q_3，包括以下 75% 的数据。然后舍去资料中数值最高的 25% 数据和数值最低的 25% 数据，仅就中间 50% 的数据求其量数作为离散量数，这就是四分位差，用 Q 表示。其计算方法按资料是否分组决定。

（一）未分组型资料计算四分位差的公式

$$Q = Q_3 - Q_1$$

（二）分组型资料计算四分位差的公式

$$Q = \frac{Q_3 - Q_1}{2}$$

具体步骤为：先求出 Q_1、Q_3 的位置，再根据 Q_1、Q_3 的所在组，应用下列公式求 Q_1、Q_3 的值。

$$Q_1 = L_1 + \frac{\frac{n}{4} - cf_1}{f_1} \times d_1 \qquad Q_3 = L_3 + \frac{\frac{3n}{4} - cf_3}{f_3} \times d_3$$

式中：L_1 为 Q_1 所在组的真实下限；L_3 为 Q_3 所在组的真实下限；f_1 为 Q_1 所在组的次数；f_3 为 Q_3 所在组的次数；cf_1 为 Q_1 所在组以下的累计次数；cf_3 为 Q_3 所在组以下的累计次数；d_1 为 Q_1 所在组的组距；d_3 为 Q_3 所在组的组距；n 为全部变量值个数。

三、标准差（σ）

标准差又称为均方差，用 σ 表示。它是指各个数值与其算术平均数之差的平方和的算术平均数的算术平方根。标准差越小，其平均数的代表性越强；标准差越大，其平均数的代表性越弱。

（一）未分组资料的标准差公式

$$\sigma = \sqrt{\frac{\sum(X - \overline{X})^2}{n}}$$

式中：σ 表示标准差；X 表示变量值；$\overline{X}$ 表示算术平均数；n 表示单位数。

（二）分组资料的标准差公式

$$\sigma = \sqrt{\frac{\sum(X - \overline{X})^2 f}{\sum f}}$$

式中：f 为权数，其他符号同前。

✎ **实践范例**

表 13-2 是××小区 60 岁以上老年人每月购买保健品的消费金额资料，利用集中量数与离散量数进行分析。

表 13-2　××小区 60 岁以上老年人平均每月购买保健品的消费金额

消费金额（元）	人数（人）	消费金额（元）	人数（人）
600~650	2	800~850	10
650~700	4	850~900	7
700~750	8	900~950	4
750~800	15		

第一步：计算平均数。$\overline{X}=\dfrac{\sum xf}{\sum f}=\dfrac{39450}{50}=789$（元）

第二步：建立计算表，如表 13-3 所示。

表 13-3　××小区 60 岁以上老年人购买保健品的每月消费金额离散程度

月消费额（元）	组中值 X	次数 f	Xf	向上累计	$X-\overline{X}$	$(X-\overline{X})^2$	$(X-\overline{X})^2 f$
600~650	625	2	1250	2	−164	26896	53792
650~700	675	4	2700	6	−114	12996	51984
700~750	725	8	5800	14	−64	4096	32768
750~800	775	15	11625	29	−14	196	2940
800~850	825	10	8250	39	36	1296	12960
850~900	875	7	6125	46	86	7396	51772
900~950	925	4	3700	50	136	18496	73984
合计	—	50	39450	—			280200

第三步：计算中位数。

中位数的位置：$\dfrac{\sum f}{2}=\dfrac{50}{2}=25$，即中位数应在（750~800）这一组中，依中位数下限公式有：

$$Me=L+\dfrac{\frac{1}{2}\sum f-S_{m-1}}{f_m}\times d=750+\dfrac{\frac{1}{2}\times 50-14}{15}\times 50=786.67（元）$$

第四步：计算四分位数。

Q_1 的位置：$\dfrac{1}{4}\sum f=\dfrac{1}{4}\times 50=12.5$，即第一四分位数 Q_1，应在（700~750）这一组中，依公式有：

$$Q_1=L_{Q_1}+\dfrac{\frac{1}{4}\sum f-S_{Q_1-1}}{f_{Q_1}}\times d_{Q_1}=700+\dfrac{\frac{1}{4}\times 50-6}{8}\times 50=740.625（元）$$

$$Q_2=Me=786.67（元）$$

Q_3 的位置：$\dfrac{3}{4}\sum f=\dfrac{3}{4}\times 50=37.5$，即第三四分位数 Q_3，应在（800~850）这一组中，依公式有：

$$Q_3 = L_{Q_3} + \frac{\frac{3}{4}\sum f - S_{Q_3-1}}{f_{Q_3}} \times d_{Q_3} = 800 + \frac{\frac{3}{4} \times 50 - 29}{10} \times 50 = 842.5 \text{（元）}$$

第五步：计算众数。

$$Mo = L + \frac{\Delta_1}{\Delta_1 + \Delta_2} \times d = 750 + \frac{15 - 8}{(15 - 8) + (15 - 10)} \times 50 = 779.17 \text{（元）}$$

第六步：计算标准差。

$$\sigma = \sqrt{\frac{\sum(X - \overline{X})^2 f}{\sum f}} = \sqrt{\frac{280200}{50}} = 74.86 \text{（元）}$$

第七步：计算离散系数。

$$V_\sigma = \frac{S}{\overline{X}} \times 100\% = \frac{74.86}{789} \times 100\% = 9.49\%$$

第八步：分析结果。

结果说明：该小区 50 名老年人每月购买保健品的平均花费金额为 789 元，平均相差 74.86 元，离散相对程度为 9.49%，有 25 名老年人购买保健品的花费在 786.67 元以下，有 25 名老年人购买保健品的花费在 786.67 元以上。其中有 12 名（12.5 名）老年人购买保健品花费金额不到 740.625 元，37 名（37.5 名）老年人购买保健品花费金额不到 842.5 元，12 名（12.5 名）老年人购买保健品花费超过 842.5 元。依平均数、中位数、众数三者关系可以看出，该小区老年人购买保健品的花费呈偏态分布。由于 $Mo < Me < \overline{X}$，所以，资料分布为右偏（正偏）。

工作三 相关分析

✎ 要点提示

现象间可测定关系一般分为两种：一种是函数关系，另一种是相互关系。相互关系指现象与现象之间的客观存在但又不具有确定性、不严格的相互依存关系。两个变量间线性相关关系的度量指标有很多，应用最广泛的是相关系数。

相关系数是对两个变量之间线性相关强度的度量，也称为简单相关系数。衡量两个定量变量之间线性相关程度的常用指标是皮尔逊（Pearson）相关系数，通常用 r 表示。其计算公式为：

$$r = \frac{\sum(x - \overline{x})(y - \overline{y})}{\sqrt{\sum(x - \overline{x})^2}\sqrt{\sum(y - y)^2}}$$

相关系数 r 的取值范围在 -1 和 $+1$ 之间，即 $-1 \leqslant r \leqslant 1$；若 r 为正，则表明两变量为正相关；若 r 为负，则表明两变量为负相关；若 $|r| \geqslant 0.8$ 时，可视为两个变量之间高度相关；若 $0.5 \leqslant |r| < 0.8$ 时，可视为中度相关；若 $0.3 \leqslant |r| < 0.5$ 时，可视为低度相关；$|r| < 0.3$

时，可视为两个变量之间的相关程度极弱，可视为不相关。

✎ **实践范例**

在研究××市 60 岁以上老年人消费现状与需求的情况时，有一组老年人的人均消费数据记为 y，老年人的人均可支配收入数据记为 x，如表 13-4 所示。计算人均消费金额与人均可支配收入的线性相关系数。

表 13-4　××市 60 岁以上老年人人均可支配收入和人均消费金额数据

年份	人均可支配收入（元）	人均消费金额（元）
2010	17067.78	11242.85
2011	18858.09	12264.55
2012	19109.4	13471.5
2013	21809.8	15160.9
2014	24564.7	16674.3
2015	26467.0	18487.5
2016	28843.9	19968.1
2017	31194.5	21392.4
2018	33616.2	23078.9

第一步：列表计算出公式中所需要的有关数据，如表 13-5 所示。

表 13-5　相关系数计算表

年份	人均可支配收入 x	人均消费金额 y	x^2	y^2	xy
2010	17067.78	11242.85	291309114.1	126401676	191890490.4
2011	18858.09	12264.55	355627558.4	150419187	231285987.7
2012	19109.4	13471.5	365169168.5	181481312	257432282.1
2013	21809.8	15160.9	475667376	229852889	330656196.8
2014	24564.7	16674.3	603424486.1	278032280	409599177.2
2015	26467.0	18487.5	700502089	341787656	489308662.5
2016	28843.9	19968.1	831970567.2	398725018	575957879.6
2017	31194.5	21392.4	973115547	457634778	667331639.5
2018	33616.2	23078.9	1130048902	532635625	775824918.2
合计	221531.67	151741	5726834809	2696970421	3929287234

第二步：代入公式计算。

$$r = \frac{n\sum xy - \sum x \sum y}{\sqrt{n\sum x^2 - \left(\sum x\right)^2}\sqrt{n\sum y^2 - \left(\sum y\right)^2}}$$

$$= \frac{9 \times 3929287234 - 221531.67 \times 151741}{\sqrt{9 \times 5726834809 - 221531.67^2} \cdot \sqrt{9 \times 2696970421 - 151741^2}} = 0.9969$$

因此，××市 60 岁以上老年人人均可支配收入和人均消费金额呈现高度正相关。

工作四 回归分析

要点提示

回归分析是通过一个数学方程式反映现象之间数量变化的一般关系的一种统计分析方法。回归分析一般分为直线回归分析和非直线回归分析。直线回归分析的任务是确定描述两个变量间关系的直线方程，下面主要介绍一元直线回归方程。

一元直线回归方程的基本形式为：$y = a + bx$，其中，$b = \dfrac{n\sum xy - \sum x \sum y}{n\sum x^2 - (\sum x)^2}$，$a = \dfrac{\sum y - b\sum x}{n}$ 或 $b = \dfrac{\sum(x-\bar{x})(y-\bar{y})}{\sum(x-\bar{x})^2}$，$a = \bar{y} - b\bar{x}$。回归系数 b 有正有负。b 为正时，表明两变量的变化方向相同；b 为负时，则表明两个变量的变化方向相反。

实践范例

以××市 60 岁以上老年人消费现状与需求的调查情况为例，其中一组数据是老年人的受教育年限和文体活动花销金额，如表 13-6 所示。求回归方程式。

表 13-6 　××市 60 岁以上老年人受教育程度与文体活动花销金额

序号	1	2	3	4	5	6	7	8	9
受教育年限（年）	2	6	6	18	14	15	9	12	23
花费金额（元）	70	80	87	92	92	105	80	87	113

第一步：列表求出所需要的数据，如表 13-7 所示。

表 13-7 　××市 60 岁以上老年人受教育程度与文体活动花销金额数据整理

序号	受教育年限（x）	花费金额（y）	x^2	y^2	xy
1	2	70	4	4900	140
2	6	80	36	6400	480
3	6	87	36	7569	522
4	18	92	324	8464	1656
5	14	92	196	8464	1288
6	15	105	225	11025	1575
7	9	80	81	6400	720
8	12	87	144	7569	1044
9	23	113	529	12769	2599
合计	105	806	1575	73560	10024

第二步：将上述表 13-7 中的数据代入 a 、b 公式，求出回归方程如下：

$$b = \frac{n\sum xy - \sum x \sum y}{n\sum x^2 - (\sum x)^2} = \frac{9 \times 10024 - 105 \times 806}{9 \times 1575 - 105^2} = 1.77$$

$$a = \frac{\sum y - b\sum x}{n} = \frac{806 - 1.77 \times 105}{9} = 68.91$$

$$yc = a + bx = 68.91 + 1.77x$$

工作五　统计推论

✍ 要点提示

统计推论是根据抽样中的样本资料，推断或估计其总体内各变量（项）的特征或相互关系，是描述统计的继续和深化。其基本方法有两种：一是对总体参数的估计；二是对统计假设的检验。总体参数估计是指从样本的指标数值推断其总体指标数值的方法。通常有两种办法：点估计和区间估计。

一、点估计

点估计是指以样本中一定的指标数值去推断其总体中相应的指标数值。

二、区间估计

区间估计是在一定的置信水平下，根据样本统计值估算总体参数值可能落在的具有上下限数值的某个区间。在进行区间估计时，根据所给定条件的不同，有总体均值和总体比例两种估计模式。

（一）总体均值的区间估计

总体均值的区间估计是在一定的置信水平下，利用样本均值推导出总体均值所处的双侧置信区间，公式为：

$$\overline{X} \pm Z_{\alpha/2} \frac{S}{\sqrt{n}}$$

其中：$\overline{X}$ 表示样本均值；$Z_{\alpha/2}$ 表示在相应置信水平下的标准差；$\frac{S}{\sqrt{n}}$ 表示标准误差，其中 S 是样本的标准差，如果总体标准差（σ）未知，用 S 代替，如果总体标准差已知，则直接使用 σ。

（二）总体比例的区间估计

$$P \pm Z_{\alpha/2} \sqrt{\frac{p(1-p)}{n}}$$

其中：P 表示样本中变量某一取值的比例；$Z_{\alpha/2}$ 表示在相应置信水平下的标准差；$\sqrt{\frac{p(1-p)}{n}}$ 表示标准误差。

三、假设检验

假设检验是利用样本资料对总体的分布类型、数量特征等作出判断的一种数理统计方法。其步骤如下。

（1）写出假设，包括虚无假设 H_0 和研究假设 H_1。

（2）根据样本情况计算在原假设成立的情况下，样本统计值所对应的 Z 值。

（3）结合给出的显著度的大小，比较 Z 值与给定显著度时临界 Z 值的大小，从而分析其到底落在拒绝域还是接受域。如果落在拒绝域，则拒绝 H_0 接受 H_1；如果落在接受域，则接受 H_0 拒绝 H_1。

（4）得出最终结论，即是否可以用样本的情况推断总体。

大样本的总体均值和比例的检验用 Z 检验，其公式分别是：

$$Z = \frac{\overline{X} - \mu}{S / \sqrt{n}} \text{（均值检验）}$$

$$Z = \frac{p - P}{\sqrt{\dfrac{P(1-P)}{n}}} \text{（成数检验）}$$

其中：$\overline{X}$ 表示样本均值；$S / \sqrt{n}$ 表示标准误差，其中 S 是样本的标准差，如果总体标准差（σ）未知，用 S 代替，如果总体标准差已知，则直接使用 σ。

p 表示样本中的变量某一取值的比例；P 表示假设的总体变量某一取值的比例；$\sqrt{\dfrac{P(1-P)}{n}}$ 表示标准误差。

✎ **实践范例**

对××市 60 岁以上老年人购买保健品的月均支出做调查，抽取 500 人，测得月均支出为 480 元，标准差为 150 元。现以 95% 的概率保证程度，估计该市 60 岁以上老年人购买保健品的月均支出的可信区间。

根据确定的可信度（95%），查正态分布概率表，得 $Z_{\alpha/2}$ 值为 1.96，而标准误差为：$\frac{S}{\sqrt{n}} = \frac{150}{\sqrt{500}} = 6.7$。总体均值的置信区间为：$\mu = \overline{X} \pm Z_{\alpha/2} \frac{S}{\sqrt{n}} = 480 \pm 1.96 \times 6.7$，则 $466.87 \leqslant \mu \leqslant 493.13$。即该市全部 60 岁以上老年人购买保健品的月均支出的可信区间在 466.87 至 493.13 之间，其可信度为 95%。

若对××市 60 岁以上老年人网购的月均支出做调查，抽取 100 人，测得网购月均支出为 738 元，标准差为 56 元。这是否说明该市 60 岁以上的老年人网购月均支出在 700 元以上？以 0.05 的显著水平加以检验。

首先，建立研究假设和虚无假设。设 H_1：$\mu > 700$；H_0：$\mu_0 \leqslant 700$。

其次，查 Z 表得 $|Z| \geqslant 1.65$（一端）。

$$Z = \frac{\overline{X} - \mu}{S / \sqrt{n}} = \frac{738 - 700}{56 / \sqrt{100}} = 6.79$$

由于 $Z = 6.79 > |Z| = 1.65$，所以，否定 H_0，接受 H_1，即该市 60 岁以上的老年人网购月均支出高于 700 元。

总结与复盘

完成社会调查资料的整理和分析两个工作任务后，对各项工作完成过程中遇到的问题和困难进行总结，比如在整理资料中，遇到工作量大、资料杂乱无章等问题，在分析资料中遇到数据量大等问题，并对下一步工作的开展提出有效的建设性意见。

即 测 即 练

自学自测　　扫描此码

社会调查成果转化

宣传思想战线要大兴调查研究之风,坚持实事求是,扑下身子、沉到一线,把情况问题摸清楚,把好招实招提出来,做到措施对路、工作有效。

——《在全国宣传思想工作会议上的讲话》(2018 年 8 月 21 日)

任务描述

- ◆ 根据社会调查结果,撰写调查报告,并进行社会调查结果汇报交流,向调查基地进行社会调查结果反馈,创作完成适合某一传媒的宣传报道作品,参加市场调查与分析大赛、参加挑战杯全国大学生课外学术科技作品竞赛
- ◆ 根据社会调查结果,撰写相应的决策建议案,并进行决策建议案答辩,提交给对口管理部门
- ◆ 根据社会调查结果,拟定学年论文选题,进一步深入研究,完成学年论文
- ◆ 根据社会调查结果,完成某一专业案例分析报告,参加相应专业案例分析竞赛
- ◆ 根据社会调查结果,形成创新创业计划,参加相应创新创业类学科竞赛,申报大学生创新创业训练项目,进行创业实践

情景导入

在完成社会调查资料的整理和分析工作以后,需要把社会调查研究的结果以调查报告或决策建议案的形式提交给调查基地领导、对口政府管理部门,或者形成学年论文在对口报纸、网络传媒、期纸杂志公开发表。

任务一　撰写调查报告

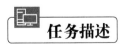

任务描述

调查报告是根据一定的目的,对某一情况、问题、经验进行深入细致的调查研究,然后用科学的方法进行分析而写成的书面报告。

 **要点提示**

调查报告是以叙事为主的说明性应用文体。它是根据调研所得材料，经过整理研究，用以反映实际情况、提供政策论据、总结经验教训、指导有关工作的一种书面报告。

工作一　撰写调查报告培训

任务描述

撰写调查报告，需要了解调查报告的基本结构，熟悉撰写调查报告的基本步骤、基本原则，明确撰写调查报告的基本要求，掌握撰写调查报告的技巧方法等。

一、熟悉撰写调查报告的基本步骤

调查报告的撰写步骤一般包括确定主题、拟定提纲、选择材料和撰写调查报告四个阶段。

（一）确定主题

确定主题时，要注意报告的主题应与调查主题一致；要根据调查和分析的结果，重新确定主题；主题宜小，且宜集中；与标题协调一致，避免文题不符。

（二）拟定提纲

写作提纲的主要作用是理清思路，明确调查报告内容，安排好调查报告的总体结构，为实际写作打下基础。拟定写作提纲的方法是对调查报告的主题进行分解，并将分解后的每一部分进一步具体化。

（三）选择材料

调查报告所选用的材料通常包括两种形式：一种是从调查中得到的各种数据、表格、事例等客观材料，另一种是在这些客观材料的基础上通过分析、综合、概括所形成的观点、认识、建议等主观材料。

（四）撰写调查报告

当完成前三个步骤后，调查研究报告的撰写思路、主体框架和撰写内容都已经基本成型，剩下的工作就是开始实际撰写。在行文时要注意结构合理；报告文字规范，具有审美性与可读性；通俗易懂。注意对数字、图表、专业名词术语的使用，做到深入浅出，语言具有表现力，准确、鲜明、生动、朴实。

二、熟知撰写调查报告的基本原则

调查报告的撰写必须遵循说明文的几点写作原则：

（一）求实性原则

调查报告的写作是建立在大量事实材料基础之上用事实说话的过程，在对调查所得材料进行分析、概括和综合的基础上，以大量的数据和事实材料说明问题并促进问题的解决。

（二）针对性原则

根据调查目的，应紧紧围绕需要研究解决的问题。针对某一实际问题和矛盾，或某一项工作和任务，使报告主题鲜明，重点突出，建议清楚，措施具体。

（三）时效性原则

调查报告的写作意在指导当前的工作，写作调查报告必须注重时效性，抓住正在发生的事件，提示当前正面临的问题，提出切合当前实际的意见。

（四）创新性原则

调查报告的写作应对调查获得的事实、信息情况和经验以合理的表现手法叙述出来，在对真实可靠的材料进行分析的基础上，找出规律性的东西，重在提出新的观点，形成新的结论。

三、掌握撰写调查报告的技巧

一篇调查报告从动笔到最后定稿，需要经过起草、修改、审稿、定稿等多个环节。调查报告写作水平体现了写作者的综合素质，所以调查报告起草还需要一些技巧：

（一）巧用数据

数据是由数量概括了的客观事实。适量、适度、适当地运用一些数据，客观准确地进行定量分析，有助于恰当地表达观点，使调查报告所呈现的内容更直观、更具体。

（二）设置悬念

悬念可以引起读者的期待，调查报告可以使用这一技巧引出调查对象、点明文章主旨、进行过渡等。

（三）善用对比

对比包括横向对比和纵向对比。将两组或更多对象的基本情况进行介绍，并加以横向对比，得出原因或启示，结构简明，主题鲜明。将同一对象的过去和将来的基本情况进行介绍，并进行纵向对比，分析发生变化的原因或经验、教训。这两种对比具有总结经验、揭露问题、给人启示的作用。

（四）引用俗语

在调查报告中适当引用俗语，有助于克服调查报告单调乏味和概念化的倾向，使文章生趣盎然，同时还可还原事物本色，凸显调查报告的真实性。

四、明确撰写调查报告的基本要求

调查研究是社会科学的重要任务，写好调查报告的基本要求是"四个有"：有观点、有数据、有实例、有价值。从调查活动的开展到调查报告的撰写这一系列基本环节来讲，一般应注意六个方面。

（一）选题要"准"

一是要有针对性，针对客观实际需要，面向现实；二是要有开创性，紧跟时代步伐，站在实践前沿，研究新情况，解决新问题；三是要有可行性。

（二）调查要"实"

①深入实地；②摸清实情；③紧贴实际；④运用科学的方法。

（三）分析要"深"

通过材料，把事物内部最本质且具有规律性的东西挖掘出来，从个别事物中找出同类事物的基本特征和共同规律。

（四）框架要"稳"

框架分为"三段式""两段式"和"一段式"。"三段式"即现状—原因—对策，如："××市 60 岁以上老年人消费现状与需求"的调查报告，可以分为：①××市 60 岁以上老年人消费现状；②值得重视的几个问题；③几点建议。"两段式"即分析—对策。"一段式"即对策。

（五）选材要"精"

选择最能反映事物本质特点的典型材料；选择与观点相一致的典型材料；注重运用对比鲜明的典型材料。

（六）表达要"谨"

一是精心制作标题；二是准确选用语言；三是反复锤炼，要有精妙之笔。

工作二　撰写社会调查报告

要点提示

了解调查报告的基本结构，是撰写好调查报告的重要前提。一般而言，一篇完整的调查报告大体上由标题、前言、正文、结尾和附录等部分构成。

一、拟定社会调查报告标题

调查报告的标题写法比较灵活，但要力求高度概括、简明扼要、新颖形象、生动有力。标题既要总结和概括全篇的内容，又要体现调查报告的主题。调查报告的标题一般有四种形式：

（1）陈述式标题，即直接陈述调查的对象及调查的问题。优点是对象明确、主题突出、简明客观；缺点是显得呆板平淡、缺乏吸引力。多用于专题性较强的调查报告。例如，毛泽东的《湖南农民运动考察报告》（1927）。

（2）结论性标题，即用某种结论式的语言作标题。用作者的判断或评价作标题，多用于经验总结、政策研究、支持新生事物等类型的调查报告。

（3）问题式标题，即以一个问题作为标题。用提问方式作标题，多用于揭露问题、总结经验的调查报告。

（4）双标题式标题，即由主标题和副标题共同构成调查研究报告的标题。优点是综合了多种标题的优点，是调查报告使用较多的一种标题形式。缺点是比较复杂、冗长。例如，"流动中的爱恋与婚育——来自对流动妇女问卷调查的报告"。

✍ 实践范例

如"××市 60 岁以上老年人消费现状与需求调查"即为陈述式标题；如"经济收入是影响××市 60 岁以上老年人消费的主要因素"即为结论性标题；如"××市 60 岁以上老年人的钱流向了哪里？"即为问题式标题；如"我国 60 岁以上老年人消费问题的实证研究——以××市×××名老年人消费现状与需求调查为例"即为双标题式标题。

二、撰写调查报告前言

✍ 要点提示

前言又称导言或导语，是调查报告的开头部分，对全文起着总领和引导作用，其主要任务是向读者简要介绍整个调查的有关背景。其中最主要的内容包括调查的目的、调查的内容、调查的对象、调查的时间、地点、调查的方法等。主要分为三种形式。

（1）直述式，即在前言中直接把调查的目的、内容、对象、范围等一一写出。

（2）悬念式，即先描述某种社会现象和社会问题，然后对这种社会现象和问题产生的原因、影响等提出一系列疑问，设置悬念，而不做正面回答。

（3）结论式，即在前言中描述现象、提出问题的同时，先简要说明调查的基本结论。

三、撰写调查报告正文

✍ 要点提示

（一）社会调查报告的类型

1. 总结成功经验的调查报告

总结成功经验的调查报告正文部分要通过典型事例和确凿的数据，介绍社会调查基地典型经验的集中表现。正文一般由"成果、具体做法、经验"三部分组成。

2. 揭示问题的调查报告

揭示问题的调查报告主要任务是具体说明存在的主要问题、产生问题的原因、如何解决问题的建议等。正文一般由"问题、原因、意见及建议"组成。

3. 反映情况的调查报告

反映情况的调查报告一般是一分为二，既通过调查了解并总结成功经验，也通过调查发现存在的问题并提出有效建议。正文主要由"情况、成果、问题、建议"或"情况、问题、建议"组成。

（二）社会调查报告的结构

一般来说，调查报告主体部分的结构有以下三种形式。

（1）纵向结构式。即按照时间的先后来组织和安排，以突出某一现象或问题的发展过程，或者反映不同时期的变化与差别。按事物发展的历史顺序和内在逻辑来叙述事实、阐明观点。

优点是论述有头有尾，过程清清楚楚，便于读者了解事物发展的全过程。

（2）横向结构式。即主要依照调查的内容来安排，以突出某一社会现象或问题的各个方面内容。把调查的事实和形成的观点，按性质或类别分成几个部分，并列排放、分别叙述，从不同方面共同说明调查报告的主题。

优点是问题展得开，关于每个问题的论述比较集中，适合全景式的概况社会调查报告。

（3）纵横结合式。即将上述两种方式相结合，以一种方式为主，常用于较大规模的调查报告，以便于反映出比较复杂的内容。以纵为主、纵中有横或者以横为主、横中有纵。

优点是讲清问题的来龙去脉，按问题性质或类别分别展开论述。

四、撰写调查报告结束语

结束语，是调查报告的结尾部分。从形式上看，有三种不同的处置方法：没有结束语、简短结束语和较长结束语。

从内容上看，有以下几种写法。

（1）概括全文，深化主题，总结全文的主要观点。

（2）总结问题，形成结论，对调查的现状作归纳性说明。

（3）指出问题，提出建议。指出存在的问题和教训，提出相应的建议。

（4）说明危害，引起重视。提出要求、措施和要商榷的问题。

（5）展望未来，指明意义。对主题中没有谈到的问题作附带说明。

五、编辑调查报告附录

附录是调查报告的附加部分，将一些可以帮助读者更好地了解研究细节的资料编排在一起，作为正文的补充。附录不是调查报告不可缺少的部分。

附录部分一般包括调查问卷或量表、访谈提纲与访谈资料、调查指标的解释和说明、计算公式和统计用表、调查的主要数据、典型案例、名词注释、人名和专业术语对照表。

六、撰写报告概要

概要也可称内容提要、内容摘要，是对调查报告主要内容的简要介绍，其目的是引起读者的注意和兴趣。其写作方法大体上有以下几种。

（1）摘要式，即将调查报告的主要内容摘要列举出来。

（2）说明式，即用一段文字说明调查报告的主要内容。

（3）导语式，即用一段与标题紧密相连的简短文字作为调查报告的简介。

任务二　提交决策建议

任务描述

调查报告的作用是由调查的目的决定的，调查的目的不同，其作用也不同，从而提出的建议也不同。有的调查报告是用来向上级及有关部门汇报、提供情况，作为上级机关及有关部门制定某些政策的参考资料和依据；有的是用来推广先进经验，宣传树立典型，指导并推动全局工作；有的是为了暴露并纠正工作中存在的问题，以引起各方的注意和重视；还有的是用来作为某个具体问题的处理依据，如各种责任事故、群众来信来访提出的问题等。

要点提示

在建议这一部分，调查人员要说明调查结果有什么实际意义，可用简洁而明晰的语言对研究前所提出的问题作明确答复，同时简要地引用有关背景资料和调查结果加以解释、论证，提出可以采取哪些措施、方案或行动步骤。建议应当是积极的，要说明应采取哪些具体的措施以获得成功；或者要处理哪些已经存在的问题，避免隐患出现；等等。

工作一　向政府部门提交社情民意

针对社会调查所发现的问题，如果其解决权限在某一级政府决策部门，则可以通过撰写社情民意的形式，通过合理渠道，反映给政府决策部门作为参考。

一般认为，社情民意是人大代表、政协委员及各党派人士参政议政、建言献策的依据。社会大众也可以通过撰写社情民意，通过各级政府主管部门设立的社情民意信息通道或者收集社情民意的专门邮箱反映问题和建言献策。也可以向身边的政协委员、人大代表提供社情民意信息，由他们通过专门的信息通道提交给对应的决策部门。

社情民意信息以它短小、精悍、针对性强，反映问题迅速、及时的特点，赢得了政府机关，特别是人大、政协的青睐。它抓取现实社会的某一热点问题，特别是民生问题，及时向政府提出改进和发展建议，是政府领导部门了解情况、作出决策的重要途径和依据。

（1）撰写社情民意要以当前党的方针政策为纲领，善于抓住新时期的主要矛盾，以解决矛盾为出发点建言献策。

（2）要掌握撰写社情民意的基本写作思路，充分发挥其短小、精练、易上传下达的文体特点。社情民意写作要求一事一议，不需要旁征博引，长篇大论，而是要求结构清晰，一目了然。在构思时，通常按照人们认识问题纵向思维规律去组织材料、说明问题，即"提出问题——分析问题——解决问题"。社情民意的写作重点应放在问题的提出及最后的建议部分。问题的提出要鲜明、准确，所举事实应是经过调查论证的典型事例或精确的数字，具有较强的说服力。建议部分要切实可行，具有较强的科学性、可操作性。

（3）要控制好社情民意的篇幅和字数，做到言简意赅。社情民意的篇幅都比较短小，一般来说，一篇社情民意字数在 200～1000 字之间。要求作者选材要精，举例要典型，语言要精练，概括性要强，叙述要突出重点，具有逻辑性。

工作二　向社会调查基地反馈决策建议

如果社会调查所发现的问题其解决权限就在社会调查基地，则可以通过撰写建议，书面提交或以座谈反馈的形式，反映给社会调查基地作为决策的参考。

一、书面提交建议案

调查人员将建议案定稿打印成正式书面文稿，打印前应进行认真细致的设计，如报告中的字体、字号、颜色、行间距、字间距等要统一，编排应美观大方，书面报告应该使用质地较好的纸张打印，装订、封面应讲究，最好使用专门的封面用纸，封面上的字体大小、空白位置应精心设计。精装大方的外观可以给阅读者带来兴趣和信任感。

二、座谈交流

调查人员也可以将调查报告以座谈会的形式进行汇报交流，一方面汇报反馈调查结果，另一方面也可以进行互动交流并接收质疑与答辩。

（一）撰写发言稿或制作汇报 PPT

发言稿一般有两种通用的方式，在报告的开头，阐述调查的总目标和专题目标后，一种方式是把结论放在调研方案、数据分析等之后；另一种方式是在调查目标提出后，立即阐述调查的结论，随后再汇报所依据的调查结果。

汇报场地软硬件条件允许的情况下，可以提前制作 PPT，使用投影、会议屏、挂图甚至黑板等辅助工具进行汇报交流，以提高汇报交流效果。

（二）适当使用图表呈现调查结果

图表说明更加直观、明确，给人以深刻的印象。在汇报中应适当运用设计精良的图表说明调查结果，图表能使读者对数量之间的关系和对比有较为准确的理解。

（三）留有足够的时间交流讨论

汇报人必须合理分配时间，把握整个答辩进程，既充分阐述正式报告的内容，又留有足够的时间对关键的调查结果充分阐释并展开讨论，同时能留有充裕的时间允许提问和进一步讨论。

（四）自信汇报

在汇报时，首先要充满自信。汇报人在汇报时要敢于面对听众，适当运用手势和表情来强化讲话的效果；可以适当地向听众提问，以引起听众的关注等，充分显示自己的自信。

任务三　参加对口学科竞赛

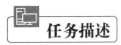

任务描述

　　结合所学专业，选定社会调查主题与基地，通过有目的的社会调查活动，形成社会调查成果。在调查成果与报告基础上，可以进一步对接相应的学科竞赛，参加学科竞赛活动，一方面实现调查成果的转化应用，另一方面可以进一步引申社会调查工作，深化调查成果。

要点提示

　　能够与社会调查工作对接的比赛有"互联网+"大学生创新创业大赛、"挑战杯"全国大学生课外学术科技作品竞赛、全国大学生市场调查与分析大赛、城市治理案例赛、商业精英品牌策划赛、全国大学生电子商务"创新、创意及创业"挑战赛等学科竞赛。

工作一　参加中国国际"互联网+"大学生创新创业大赛

　　中国国际"互联网+"大学生创新创业大赛是由教育部、中央网信办、发改委、工信部、人社部、知识产权局、中国科学院、中国工程院、共青团中央共同主办的一项技能大赛。大赛旨在深化高等教育综合改革，激发大学生的创造力，培养造就"大众创业、万众创新"的主力军；推动赛事成果转化，促进"互联网+"新业态形成，服务经济提质增效升级；以创新引领创业、创业带动就业，推动高校毕业生更高质量创业就业。

　　中国国际"互联网+"大学生创新创业大赛自 2015 年起设立，每年一届，是目前全国参赛学生人数最多、规格最高的竞赛，竞赛官方网站为 cy.ncss.cn。

　　大赛一共有五个赛道，分别是高教主赛道、"青年红色筑梦之旅"赛道、职教赛道、产业命题赛道、萌芽赛道。其中，"青年红色筑梦之旅"赛道与社会调查实践对接度和契合性最高。"青年红色筑梦之旅"赛道设立"互联网+"现代农业、"互联网+"制造业、"互联网+"信息技术服务、"互联网+"文化创意服务、"互联网+"社会服务等类别。

工作二　参加"挑战杯"全国大学生课外学术科技作品竞赛

　　"挑战杯"全国大学生系列科技学术竞赛是由共青团中央、中国科协、教育部和全国学联共同主办的全国性大学生课外学术实践竞赛，竞赛官方网站为 www.tiaozhanbei.net。"挑战杯"竞赛共有两个并列项目，一个是"挑战杯"中国大学生创业计划竞赛（小挑），另一个是"挑战杯"全国大学生课外学术科技作品竞赛（大挑）。这两个项目隔年交叉轮流开展。

一、"挑战杯"全国大学生课外学术科技作品竞赛

"挑战杯"大学生课外学术科技作品竞赛，参赛作品可以是科研成果（学术论文）、科技发明创造（技术专利）、社会调查报告，考察学生的科技创新能力、对社会问题的关注及其分析解决问题能力。

以第十八届"挑战杯"全国大学生课外学术科技作品竞赛为例，赛项分本科生组、研究生组（含硕士，不包括博士），申报参赛的作品分为自然科学类学术论文、哲学社会科学类社会调查报告和学术论文、科技发明制作三类。

自然科学类学术论文作者限本科和专科学生；哲学社会科学类支持围绕发展成就、文明文化、美丽中国、民生福祉、中国之治和战疫行动等六个组别形成社会调查报告，也可以按照哲学、经济、社会、法律、教育、管理六个学科报送社会调查报告和学术论文。哲学社会科学类参赛作品，每篇论文在 8000 字以内，每份调查报告在 15000 字以内。

科技发明制作类分为 A、B 两类：A 类指科技含量较高、制作投入较大的作品；B 类指投入较少，且为生产技术或社会生活带来便利的小发明、小制作等。科技发明制作类作品在申报时，必须附有研究报告，字数在 3000 字以上，并提供图表、曲线、试验数据、原理结构图、外观图或照片，也可附鉴定证书和应用证书。

二、"挑战杯"中国大学生创业计划竞赛

"挑战杯"大学生创业计划竞赛的任务是完成一个项目的商业计划，需要撰写一份商业计划书，通过 PPT 进行路演展示。考察学生对项目的商业敏锐性（项目的可行性、创新性）、对项目所属行业的了解、作为一个创业者应该具有的素质。以第十三届"挑战杯"中国大学生创业计划竞赛为例，根据参赛对象，分普通高校、职业院校两类。设科技创新和未来产业、乡村振兴和脱贫攻坚、城市治理和社会服务、生态环保和可持续发展、文化创意和区域合作五个组别。

工作三　参加全国大学生市场调查与分析大赛

全国大学生市场调查与分析大赛由中国商业统计学会创办于 2010 年，大赛设专科组、本科组和研究生组三个竞赛组别，官方网站为 www.china-cssc.org/list-56-1.html。知识赛主要考核学生对市场调查与分析基本理论和基础知识、技能的掌握程度。实践赛包含"书面调研报告 + 展示答辩"两个部分，主要考察学生理论结合实际的能力、解决实际问题的能力和综合展示能力。

工作四　参加全国大学生电子商务"创新、创意及创业"挑战赛

全国大学生电子商务"创新、创意及创业"挑战赛（简称三创赛，官方网站为 http://www.3chuang.net）是在 2009 年由教育部委托教育部高校电子商务类专业教学指导委员会主办的全国性在校大学生学科性竞赛。从第十届三创赛开始，大赛主办单位由教育部高等学校电子商务类专业教学指导委员会转变为全国电子商务产教融合创新联盟和

西安交通大学。第十三届三创赛开始分为常规赛和实战赛两类进行。

　　三创赛的常规赛采取主题赛方式，强调理论与实践相结合，校企合作办大赛，可以由合作企业围绕大赛的主题出题目，引导和指导学生参加竞赛。同时也鼓励大学生围绕大赛主题自选题目参加竞赛。确定的主题主要有九类："三农"电子商务、工业电子商务、跨境电子商务、电子商务物流、互联网金融、移动电子商务、旅游电子商务、校园电子商务和其他类电子商务。主要是根据学生提交的创业计划和路演答辩，从创新、创意、创业、演讲与文案五个方面评价打分。

工作五　参加全国高校商业精英挑战赛品牌策划竞赛

　　全国高校商业精英挑战赛品牌策划竞赛（官方网站为 www.cubec.org.cn/qggxsyjytzs）由全球华人营销联盟（GCMF）、中国商业经济学会等机构共同举办。该赛项基于产学合作模式，要求学生以团队合作的方式进行实地调研、方案撰写、项目路演与展示交流，培养高度的团队合作意识及创新实践能力，为企业输送更多高素质人才。对接境外赛事，成为中国品牌与境外品牌交流切磋品牌建设经验的重要平台。

　　竞赛设置知识赛和实践赛两个竞赛环节，校赛、省赛/全国预选赛、全国总决赛和全球总决赛四级竞赛赛制。知识赛为个人赛，主要考核学生个人对基本理论和基础知识、技能的掌握程度。实践赛为团队赛（知识赛通过的学生 3～5 人组队），包含策划方案、团队答辩两部分，主要考查学生理论结合实际的能力、解决实际问题的能力。竞赛优秀的团队依次晋级获得高一级参赛资格。

工作六　参加全国大学生城市治理案例挑战大赛

　　全国大学生城市治理案例挑战大赛由上海交通大学主办，上海交通大学国际与公共事务学院、中国城市治理研究院承办。大赛作为全球城市论坛子活动之一，受到国内外的广泛关注，曾邀请上海市领导、联合国副秘书长、世界银行主任以及知名政要和著名学者等作为颁奖嘉宾，与参赛同学交流城市治理热点话题。大赛自 2015 年起每年举办一届。

工作七　大学生创新创业训练计划项目

　　大学生创新创业训练计划项目简称"大创"，是学校为进一步调动学生开展创新创业的主动性、积极性与创造性，倡导学生研究探索式学习，自主科研创新，深化创新创业教育的全国性大学生项目申报比赛。

　　大学生创新创业训练计划项目包括创新训练项目、创业训练项目和创业实践项目三类。

　　创新训练项目是由本科生个人或团队在导师指导下，自主完成创新性研究项目设计、研究条件准备和项目实施、研究报告撰写、成果（学术）交流等工作。

创业训练项目是由本科生团队在导师的指导下，合理分工，统筹协作。团队中每个学生在项目实施过程中扮演一个或多个具体的角色，通力完成编制商业计划书、开展可行性研究、模拟企业运行、参加企业实践、撰写创业报告等工作。

创业实践项目是由学生团队在学校导师和企业导师共同指导下，采用前期创新训练项目（或创新性实验）的成果，提出一项具有市场前景的创新性产品或者服务，以此为基础开展创业实践活动。

任务四 撰写学年论文

任务描述

学年论文是高等学校人文科学、自然科学、社会科学及师范类专业本科学生在教学计划规定的某一学年结束时，按照要求，在教师指导下就给定的课题独立进行研究并写出小论文或报告。

要点提示

学年论文旨在培养学生综合运用已学课程的理论和知识解决实际与理论问题的能力，重在培养学生的创新精神和科研能力。

学生应全面进行查阅、评述文献，以及制订研究方案与计算、论证、撰写论文等科学研究的初步训练，进而全面系统地了解相关专业学术论文的写作方法、写作规范、写作技巧、研究内容和方法等。

学年论文的实践为学生撰写毕业论文奠定良好的写作基础，是完成毕业论文的必要条件和重要前提。培养学生理论联系实际、实事求是、严谨求实的科学研究态度和工作作风，最终服务于学生毕业论文的选题和写作。

工作一 选题

在社会调查基础上，论文题目可由教师下达，也可以由学生自选题目，因人而异。所选题目应是该学生在掌握已学课程内容的基础上可以解决的小型综合性实际问题或理论问题。

选题最好"小题深做"，一事一议，因为题目越大，撰写所需的资料和知识就越多，对于第一次正式撰写论文的人而言，可能很难驾驭。

工作二 查阅整理文献

确定选题以后，需要做的工作就是查阅文献。查阅文献常用的方法是，从学校图书馆校内或校外访问中国知网。搜索查询与所选研究主题相关的最新的高质量文章。

搜索到有用的文献后，需要按照引文的格式将文献信息写到文档中，具体格式为：作者1，作者2，作者3，等. 论文名称. 期刊名称，年，卷（期）：起止页码.

这部分内容可以直接用中国知网导出。导出方法为：按照篇名搜索到要整理的文献，选中该文献，点击"导出文献与分析"下面的"导出文献"，可以选择不同的格式导出文献。在撰写论文过程中，如果参考了某篇文献，就需要将这篇文献的引文信息按照尾注的形式放到文末的参考文献中。

工作三　撰写正文

学年论文的正文要求选择专业领域的一种研究方法，进行内容撰写。论文正文要求层次分明，数据可靠，文字简练，说明透彻，推理严谨，立论正确。一般由四个部分组成：摘要、关键词、正文和参考文献，字数一般在3000～4000字。

一、摘要

摘要是对全文的高度凝练与概括，在撰写完正文后根据正文提炼生成。

二、关键词

应准确并充分揭示主题内容，选择明确表达主题概念的词或词组、学科领域内公认的规范术语等，一般3～5个。

三、正文

学年论文的正文结构并不是固定的，可以从引言、概念界定、国内研究现状、存在的问题、应对策略、结论与展望等几个方面来写。

四、参考文献

参考文献为尾注的格式，按照正文中出现的顺序列在文末，引文格式应规范，正文中需要上标，与后面的参考文献一一对应。

✎ **实践范例**

"并邑龙斯跃，城池凤翔余"

——《满江红》上映后对太原古县城旅游提升影响调查报告

一、调查背景

太原古县城是坐落于晋阳古城遗址上的一座明代早期县城，始建于1375年，迄今已有600多年的历史，它沿用了晋阳古城"城池凤翔余"的建筑格局，宛如一只头北尾南、振翅高翔的凤凰，故被称为"凤凰城"，历时8年复建，于2021年5月1日建成迎客，占地面积0.8平方千米，城内有79处文物建筑、49处历史建筑，它是2500年晋阳古城的延续，晋阳文脉的传承，具有较高的文化价值和游览价值。

太原古县城自开放以来，其影响范围主要在山西省本省，而在省外的知名度极其有限。随着 2023 年 1 月电影《满江红》热映，越来越多的人关注到电影《满江红》的拍摄基地——太原古县城。太原古县城为配合电影《满江红》拍摄，专门结合古县城的特点，配建了这座基地，该基地位于太原古县城东北角，是一座五进传统围合式院落，占地 50 亩。如今，电影中张大的题词依稀可见，不少民众登上阁楼，站在片中秦桧所站的位置朗诵岳飞的诗《满江红》。在此背景下，以太原古县城为研究对象，调研其在电影《满江红》上映后旅游形象提升方面的影响，进而进一步探索太原古县城的文旅发展。

二、调查组织和进度安排

（一）调查组织

调查人员的分工和具体职务如表 14-1 所示。

表 14-1　调查人员的分工和具体职务

调查人员	负责部分	具体职务
调查人员 1	统筹，文稿编辑	统筹项目进度，把握发展方向，编撰报告，全程参与调查过程
调查人员 2	整理与审核	整理问卷与访谈记录，分析问卷，审核数据，全程参与调查过程
调查人员 3	沟通与联系	与指导老师保持联系，提出编写报告的一些问题与建议，全程参与调查过程
调查人员 4	查找资料	查找文献资料，处理图表，提供技术支持，全程参与调查过程

（二）进度安排

调查进度安排如表 14-2 所示。

表 14-2　调查进度安排

	任务	时间
准备阶段	组建调查小组	2023 年 1 月 3 日—5 日
	选择调查题目	2023 年 1 月 5 日—13 日
	调查人员培训	2023 年 2 月 3 日—5 日
	调查问卷设计	2023 年 2 月 5 日—10 日
	预调查	2023 年 2 月 10 日—15 日
	改进方案与调查问卷	2023 年 2 月 15 日—20 日
实施阶段	调查	2023 年 2 月 20 日—3 月 7 日
	录入数据	2023 年 3 月 7 日—10 日
	审核数据	2023 年 3 月 10 日—13 日
报告形成阶段	拟定报告	2023 年 3 月 13 日—15 日
	撰写报告	2023 年 3 月 15 日—21 日
	修改成稿	2023 年 3 月 21 日—25 日

三、调查与研究方法

本次研究的主要内容是研究电影《满江红》上映后游客对体验古县城的看法及太原古县城旅游发展问题，此次研究的过程中采取了问卷调查法、访谈调查法、实地观察法等调查方法。

（一）问卷调查法

1. 问卷设计

本次调研问卷的问题设计的主要目的是了解电影《满江红》上映后，到太原古县城旅游的游客对太原古县城的看法，进而分析太原古县城旅游发展现状。

2. 调查样本

本次调查的调查问卷在太原古县城内发放，共随机发放问卷 200 份，回收 193 份，其中 18 份无效，175 份有效。

（二）访谈调查法

1. 访谈目的

为了更深入地了解太原古县城的旅游现状，客观提出建议，以此展开访谈。

2. 访谈对象

太原古县城内商户、游客。

3. 访谈提纲设计

（1）调查对象的基本情况。
（2）《满江红》上映前后太原古县城的人流量对比。
（3）太原古县城的特色项目。
（4）太原古县城的交通情况。
（5）太原古县城的环境问题。
（6）太原古县城的回头客情况。

（三）实地观察法

通过对太原古县城满江红影视基地的实地观察，主要从游客流量、游客年龄分布、游客参与基地活动情况等方面展开观察。

四、结果与分析

（一）问卷调查数据分析

1. 样本基本信息分析

调查样本基本信息如表 14-3 所示。

表 14-3　调查样本基本信息

分类	选项	人数/人	占比
年龄	18～29 岁	15	8.6%
	30～40 岁	50	28.6%
	40～50 岁	63	36%
	50 岁以上	47	26.9%

续表

分类	选项	人数/人	占比
性别	男	89	50.9%
	女	86	49.1%
居住地	山西省内	110	62.9%
	山西省外	65	37.1%

从年龄分布来看，30～40 岁和 40～50 岁这两个群体占比较大，多数是全家出行，30 岁以下的年轻人相对较少。从性别来看，本次调查的样本中，男女比例相对均衡。从居住地来看，山西省内占比较高，为 62.9%，山西省外 37.1%。该数据与后期访谈调查询问结果较为一致。

2. 了解太原古县城的渠道分析

该调查题项设置为多项选择，收集了 255 项选项，通过网络渠道了解信息人次占比达到 62.74%，说明在新媒体时代，网络是最方便、最快捷的了解实时热点的方法。通过旅行社渠道了解太原古县城旅游信息的占比仅为 11.76%，占比较小，说明现在游客出行自主性更强，更多依靠的是个人对于景区的判断。

3. 电影《满江红》上映后对太原古县城的影响分析

在调查的 175 名游客中，因为电影《满江红》去游玩太原古县城的人数占多数，为 65.7%，这也恰恰能体现出明星效应的强大，以及流量的作用。

但是，电影《满江红》对太原古县城的宣传作用有限，对于一些较少关注电影的人来说，效果较差，所以要结合其他宣传方案，保持太原古县城的热度。

在调查电影《满江红》上映对太原古县城的影响中，在多选的答案中收集了 550 个人次选项，其中有利于文化推广和能够提升经济效益的占比最高，分别是 30.9% 和 29%，同时有 16.4% 的人表示出对客流激增带来的安全隐患的担忧。

在流量不可忽视的作用下，电影《满江红》的热映促进文化推广、提升经济效益，但与此同时，也产生了负面影响，如客流量增大导致的安全隐患、交通问题、管理问题等，应引起我们的注意。

4. 对太原古县城评价方面的分析

在被调查者关于游览后的评价方面，首先调查了游客认为太原古县城哪些项目最感兴趣，其中古建风貌排名第一，人文历史排名第二，餐饮美食排名第三，文俗表演排名第四，夜间灯光秀、特色店铺和汉服租借等商业项目排名相对靠后。这说明太原古县城应首抓宣传古县城的建筑群特色及内在的文化，在此基础上，再发展商业活动。

在对太原古县城的建议方面，提出最多的是太原古县城的文化资源开发不足，创新性不够，存在同质化现象。此外，对于景区配套的交通、环境等方面也有提出改进意见。

5. 游客的黏性分析

对于被调查的 175 名游客，在是否愿意再来太原古县城的问题上，64.57%的游客表示愿意再来，35.43%的游客表示不愿意再来，这说明游客的黏性仍有较大的提升空间。具体原因有：距离较远，不方便；与其他景点相比没有突出特色；对太原古县城这类旅游景点兴趣不大。

根据回收问卷分析，81.14%的游客表示愿意介绍亲朋好友来太原古县城，认为太原古县城值得逛一逛。18.14%的游客表示不愿意介绍亲朋好友来太原古县城，具体原因有：游客本人没有介绍亲朋好友去景点游玩的习惯；认为太原古县城没有特别值得介绍的地方；亲朋好友都去过，自己就是被介绍来的。

综上所述，电影《满江红》上映后对太原古县城的人流量增长有积极的作用，同时，太原古县城的人文历史、古建风貌、文俗表演、餐饮美食、特色店铺、汉服租借、夜间灯光秀等表演，吸引了大量游客。其中，本省游客占大多数，本地居民以家庭方式出游的较多，而且，游客对太原古县城环境卫生和交通方面较为满意，但是对于本地游客来说，节假日愿意来，但对于外地游客来说，太原古县城对其再来游玩的吸引力有限。

（二）访谈内容分析

与商户、运营方的访谈结果如下。

太原古县城中的工作人员反映：年轻游客对电影《满江红》拍摄基地比较感兴趣。进城后，首先问的就是电影《满江红》拍摄基地在哪里。在春节期间，电影《满江红》拍摄基地平均每天有 5000 余人"打卡"；其他游客对太原古县城的表演，如《唐太宗归晋》等实景表演剧目及绛州鼓乐类的民俗表演感兴趣。但太原古县城的花灯会与其他景点（如玉泉山）相比比较传统，缺乏特色，对游客吸引力不足。

商家反映：2023 年春节期间，太原古县城内商铺为应对春节叠加电影《满江红》带来的积极影响，积极备货，果然生意火爆，门前不是排队的就是等座的，不仅如此，商铺的环境卫生管理也较好，而且要求商户不得涨价。

运营方表示：结合电影《满江红》热映，太原古县城一来通过将传统媒介与互联网媒介相结合，增加太原古县城的曝光度；二来，精心设置县城内的游玩项目，增强游客体验感；三来，加强对古县城的经营环境、交通疏散、游客导流等方面的管理。2023 年 1 月 21 日—2 月 6 日，太原古县城共计接待游客 60 万余人次，本省游客占 64%，外省游客占 36%，旅游收入共计 3400 余万元，太原同城景区人气榜、收藏榜、热销榜均排名第一，但是，到古县城的散客居多，随团的较少。

综上所述，无论是太原古县城运营方还是商户，都积极地采取措施推动体验古县城旅游发展，从太原古县城运营方、商家的角度来说，太原古县城是值得游客去的，但是在对外省客流量的吸引上还需要进一步做工作。

（三）实地观察分析

在对太原古县城《满江红》拍摄基地进行实地观察的过程中，发现《满江红》拍摄基地的人流量比太原古县城其他场所明显较多，一般是以全家出游为主，其中年轻群体对于《满江红》基地的道具等表现出了更为浓厚的兴趣。这与问卷、访谈结果较为一致。

五、太原古县城现存的问题及改进建议

（一）太原古县城现存的问题

通过调查研究，太原古县城在文化推广与旅游开发方面取得了一定的进展。比如，在 2023 年春节期间推出花灯会、国际大马戏、冰雪世界、非遗表演、无人机灯光秀、烟花秀、绛州鼓乐等 20 多项年俗活动；《唐太宗归晋》的实景表演剧目每日上演，剧目融合话剧、音乐剧、舞剧、杂技等多种艺术手法，讲述太原的历史文化；还有名为《凤舞九天》的无人机灯光秀，通过无人机将"凤凰"与北城楼音乐灯光相结合，凤鸣声声，展翅翱翔，这些项目在为推广太原古县城文化及旅游开发过程中起到了积极的作用。

但是仍有很多问题存在，总的来说，主要表现在以下几个方面：第一，文化内涵体现不足；第二，太原古县城内的旅游设施不够完善，而且旅游产品比较单一；第三，同质化严重，缺乏特色；第四，与周边旅游景点没有形成合力，缺乏旅游链效应。

（二）改进建议

1. 结合晋阳文化，找准市场定位

晋阳文化，历史悠久，拥有数十万年的人类史、5000 年的文明史和 2500 年以上的城市史，太原古县城所在地及其周边积淀了丰富而深厚的文化资源以及非物质文化遗产，这正是太原古县城发展的根与魂。将太原古县城定位于文化传承者，以文塑旅，通过创新、创意打造大 IP，将民族的、历史的资源做成面向世界的、现代的文化与产品，实现唐风晋韵与现代文明交相辉映。

2. 科学规划，打造精品路线

一是打造太原古县城景区内的精品线路，形成东、南、西、北四条街在吃、住、玩、学上各有特色，让游客在景区内流连忘返；二是将太原古县城与周边的晋祠、太山、蒙山、天龙山、赤桥古村以及天龙山网红桥、稻田公园、太原植物园、晋阳湖、晋源花卉小镇等各景区景点连线成片，成为旅游黄金区，形成旅游链，吸引外地游客前来旅游。

3. 乘势而上，做好营销和推广

借助电影《满江红》的影响力，结合电影《满江红》拍摄基地进行内容创造，然后通过"传统权威媒介+互联网新兴媒介"的模式进行传播，尤其是借助自媒体等展开宣传，扩大影响力。

4. 打造特色，提高客户体验

一是游玩项目要创新，结合三晋文化打造有特色的、有传播力的、能深度参与和体验的文娱项目，提高游客的参与度和体验感，围绕锦绣太原、历史古城，通过历史情景再现体验、文化互动体验等方式提高游客的体验感；二是商户经营的产品要有新意，是

别的旅游景点买不到的或吃不到的，进而提高游客的旅游感知效应。

5. 提高服务质量，满足游客需求

目前，太原古县城的旅游服务质量还有待提高。一是古县城中的服务人员在思想上要认识到服务的重要性和必要性；二是要提高专业素养，对于古县城的旅游文化要如数家珍；三是在服务态度上要热情、周到、细致，让游客感到满意；四是要完善景区基础设施建设。

6. 加强管理，体现人文精神

加强管理，让古城有序、健康、和谐，进而让游客在这里感受到尊重、热情。而这需要运营方与商户共同合作，把双方当成利益共同体、团队合作者，而非管理者与被管理者，增强团队合作意识，提高工作效率，为游客提供更优质的旅游体验。

任务五　撰写创业计划

任务描述

随着国家对于创新创业的大力支持，越来越多的大学生开始尝试自主创业。为了培养大学生的创新精神和创业意识，提高创业实践能力，本任务要求大学生结合自身专业特点和市场情况，撰写一份创业计划书。

工作一　选定项目

大学生创新创业和参加学科竞赛，需要形成一份切实可行且创意独特、创新显著的创业计划，在撰写创业计划之前需要认真思考以下 20 个问题。

（1）你项目提供的核心产品或服务是什么？

（2）目前市场上有没有能够提供类似产品或相同相近服务的企业？

（3）你项目面对的目标市场或核心购买人群有哪些？

（4）你的创业计划能够解决所选目标顾客的哪些痛点或难点？

（5）你项目能够申请取得专利的核心技术是什么？

（6）你项目的核心竞争力是什么？

（7）你拥有的核心资源是什么？

（8）需要投入多少资金才可以使你的创业计划变成现实？

（9）你的创业计划创新性体现在哪些方面？

（10）你的创业计划可以令人眼前一亮的创意是什么？

（11）你的创业计划现在进行到什么程度了？

（12）你的创业计划离变成现实还有多远，还有多少工作要做？

（13）有四种情况：你能做别人也能做，你做不成别人也做不成，你能做成别人做不

成，你做不成别人能做成。你的创业计划可能会是哪种结局？

（14）你的创业计划只是一个完美的想法，还是一个可以变现的方案？

（15）你的创业团队，谁是必不可少的，谁是可有可无的？把可有可无的坚决去掉。你的创业团队还缺什么专业或掌握什么技能的人？

（16）你的创业计划未来盈利状况如何？预计的投资回收期为几年？你的创业计划如果变现，实现盈利而不是亏损的可能性有多大？预计多长时间可以实现盈利？

（17）你的创业计划可能面临哪些不确定性带来的风险？如何规避，是否有预案？

（18）你的创业计划如果变现，除自己盈利外，能实现哪些社会效益？

（19）你创业计划的商业模式、盈利模式有何独特性？

（20）你的创业计划变现成功后，进一步拓展市场实现裂变的可能性有多大？

工作二　撰写创业计划

撰写创业计划的过程是一个调研与思考的过程，可以使创业者综合考虑创业的各个因素，并在这个过程中清楚地了解哪些才是符合企业创建的要素，使创业者进一步明确自己的创业思路和经营理念。一份完整的创业计划，一般按照以下内容和顺序撰写完成。

一、项目概要

500 字左右（替代一般的摘要部分），应该包括：项目背景（经济、政策、科技、社会等利好环境分析），市场分析（市场机会规模、前景等），项目核心产品与服务，项目开展情况，项目创新性与实践性，项目社会意义。

二、产品与服务

（1）介绍项目基本情况。提供的核心产品与服务是什么，满足消费者哪些方面的需求（或什么需求），提供哪些产品或服务，项目产品与服务的核心价值（功能、用途）是什么。

（2）核心技术。

三、市场分析

（一）环境分析

分析经济、政策、科技、社会、文化等利好环境，形成本项目产品与服务应运而生的结论。

（二）目标市场分析

总体而言，分析市场机会规模大小、发展前景如何等，形成本项目产品与服务前景美好的结论。

（三）需求分析

具体分析一个或多个细分市场的需求痛点、难点是什么，形成本项目产品与服务受市场欢迎的结论。

四、商业模式

（1）筹资模式：需要多少资金，所需资金如何解决。

（2）生产模式：产品生产如何解决，服务如何提供，核心技术如何解决。

（3）物流模式：如何解决物流。

（4）支付模式：如何解决支付结算。

（5）运营模式：如何运营，如委托、外包、直营等；运营管理模式等。

（6）盈利模式：有哪些盈利方式。

五、市场营销

（一）目标市场营销战略

如何细分市场，如何选择目标市场（为什么选某一个或某几个细分市场），如何定位（目标市场上本项目产品的独特地位、唯一性或第一性）。

（二）营销组合策略

4P 策略如何策划实施。

六、财务分析

（1）项目投资财务预算。

（2）项目盈利性分析：项目盈利前景的财务分析。

七、风险控制

有哪些风险，如何规避。

八、团队介绍

（1）团队成员构成。

（2）团队资源优势、技术优势、专业优势等。

九、项目进展

项目所处阶段与当前运营状况：说明产品或服务是否已经研发成功、平台是否上线、是否注册公司、是否开始运营、是否已经盈利、目前取得的业绩（专利、论文、软著）、前期做了哪些有价值的工作（尽量收集提供佐证材料）。

工作三　路演准备

为了创业项目的推广和融资，需要在很多场合（从面对面交流、创业私董会到大型会议等）做项目展示，路演是最主要的展示方式之一。

项目路演是指企业代表在讲台上向台下众多的投资方讲解自己的企业产品、发展规划、融资计划。正式路演一般需要通过几分钟的 PPT 宣讲和互动问答，从而让听众了解项目情况，达成包括投资、资源对接、人才输送等方面的合作意向。

参加创业大赛需要准备的内容一般由计划书、路演 PPT、项目展示视频短片组成。

项目展示视频习惯称为 VCR，主要通过视频将项目的重点及核心进行罗列展示，相比于文字及图片描述，VCR 更容易吸引评委注意，制作好项目展示 VCR 是一大加分项。校赛阶段，不强制要求项目 VCR，项目如果进入省赛、国赛，一般会要求路演时提供一分钟以内的 VCR 短片。VCR 一般插入在 PPT 合适的位置以展示，这样播放更方便，也能节约时间。如果是网评，有时也会要求单独提供 VCR。

一个能清晰说明项目、亮点明确的 VCR 能给项目加分不少，那么，如何制作出合格、有吸引力的项目 VCR 呢？

一、展示 VCR 的基本要求

（1）背景整洁，色彩明快。
（2）精简凝练，要点突出。
（3）逻辑清晰，主题鲜明。
（4）突出优势，强化亮点。
（5）通俗易懂，巧妙呈现。

二、VCR 制作方式

（一）专业公司制作

专业视频公司拥有专业的人员和设备，能够将项目的优点更好地具象化展示出来。缺点是成本（资金、沟通）高、打磨时间较长（需要自己制作脚本大纲）。

（二）自己动手制作

团队成员自己制作的优点是对项目比较了解，容易将项目优点提炼出来，但视频制作有一定的专业技术，没有相关专业技术的情况下，做出的 VCR 一般比较"粗糙"或低端，可能会适得其反，影响评委对项目的印象。

三、VCR 样式

（一）实景录制

可以采用真实场景视频、场景化视频，或者视频图片素材剪辑，也可以采用影棚拍摄，后期剪辑加工。

（二）虚拟特效设计

可以用虚拟特技展示产品，也可以用动画视频（MG 动画、场景动画、手绘动画等）。缺点是真人不出镜，场景虚拟，缺乏真实感。

四、撰写脚本

（一）脚本创意技巧与方法

可以通过讲故事、举例子、用数字、作比喻、作联想、对比体验等方式。

（二）展示的内容与重点

1. 服务类项目

服务类项目一般集中呈现三点：解决什么问题，项目当前进展和服务成功案例。

2. 技术类项目

技术类项目一般集中呈现三点：解决了什么问题（难点和痛点），介绍核心优势（场景或数据对比），展示应用场景。

（三）可以使用 FABE 法

（1）F 代表特征。

（2）A 代表优点。

（3）B 代表利益。

（4）E 代表证据。

（四）视频展示禁忌

视频展示不是 PPT 或创业计划书内容的重复或强调，而是分工或互补作用。可以补充一些在计划书和 PPT 中不太方便陈述的内容，例如产品实际应用的展示、运作流程等。如果路演时一开始便播放视频，则需要在视频开头十秒钟内，告诉观众你的项目是什么。

五、制作工具

操作简单的视频工具有以下几个：

（一）电脑自带的视频制作工具

（1）Windows 10 视频编辑器（可加字幕、滤镜等，适用于简单的视频剪辑）。

（2）苹果电脑 iMovie（操作简单，只需选择视频片段，增加字幕、音乐和特效即可做出不错的视频，推荐使用）。

（二）手机视频制作工具

剪映等 App 免费并且非常稳定，模板多，素材多，效果多，字幕添加快捷方便。

目前，剪映已推出桌面版，可以下载到电脑使用。

（三）其他视频工具

爱剪辑、快剪辑等老牌视频剪辑软件操作也很简单，可以了解尝试。

六、注意事项

如果有 VCR 展示，一定要提前试播，确认软件是否兼容，播放器是否正常，同时要注意"两要""两不要"。

（一）两要

一是要逻辑清晰，二是要重点突出。VCR 作为项目的具象展示，切忌内容过多过杂，重点不突出。在 VCR 的制作过程中，尽量在最短时间内将项目核心、项目竞争优势等内容展示出来。

（二）两不要

1. 不要直接拍摄路演视频

不要直接录制校赛或其他赛事的路演视频作为项目展示 VCR。这类 VCR 通常很长，且噪声大，会直接降低评委的观感，导致评委直接判定为参赛准备不充分，拉低对项目的评分。

2. 不要简单进行 PPT 轮播

不要将 PPT 进行轮播，再配上旁白。这类视频与拍摄路演视频类似，不具备任何参赛参考价值，只会影响评委的观感。

总结与复盘

社会调查报告与建议案的撰写、答辩和提交是调查工作中非常重要的环节，报告制作水平与沟通的好坏，直接影响着社会调查活动的最终效果。因此，一定要高度重视社会调查报告与建议案的撰写、答辩和提交。此外，对于撰写、答辩和提交的过程中存在的问题应进行总结，为下一项工作的开展提供建议。

即测即练

自学自测　扫描此码

社会调查回访与跟踪

出台政策措施要深入调查研究，摸清底数，广泛听取意见，兼顾各方利益。政策实施后要跟踪反馈，发现问题及时调整完善。要加大政策公开力度，让群众知晓政策、理解政策、配合执行好政策。

——习近平 2016 年 5 月 23 日至 25 日在黑龙江考察调研时的讲话

◇ 任务描述

- ◆ 根据调查主题，制订回访调查方案
- ◆ 根据回访调查，完善社会调查报告
- ◆ 根据调查主题，制订跟踪调查方案

◇ 情景导入

以"××市 60 岁以上老年人消费现状与需求调查"为例，在调查结束之后，应该对调查对象进行必要的回访调查和跟踪调查。

任务一　回访调查

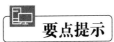

要点提示

回访调查是指对已经参与调查的对象再次开展调查，以达到对调查信息进行再次验证的目的。

回访主要有两种形式：一是电话（网络）回访，这种回访方式适合访问内容较少、收集信息较为简单的情况。二是现场回访，这种回访方式适合需要进一步回访被调查者的详细情况时开展。在效果方面，电话（网络）回访一般比较空洞，不容易给人留下深刻印象，成本较为低廉；现场回访一般比较深入，很容易给人留下深刻印象，但是成本比较高。

任何形式的回访，都应当事先做好回访方案。回访主要由以下五个步骤组成：回访被调查人员信息收集；回访计划制订；进行回访；整理分析；结论和报告。

 **实践范例**

以选题"××市 60 岁以上老年人消费现状与需求调查"为例，一般而言，回访调查需要完成以下几项工作。

工作一　回访计划的制订

✍ **要点提示**

回访计划是指对回访进行整体的前期安排，包括回访调查人员的选取、回访方式的选择，回访问卷设计、回访时间、地点、物料等准备工作。

在开展回访调查之前，首先需要开展的是被调查人员信息收集，对于已经参与调查的被调查者，可以按照某个特征开展抽样，也可以对一些异常问卷开展筛查，进而选取回访对象。回访的调查对象不需要选择很多，选取有代表性的样本即可。

回访方式根据回访内容的复杂程度可以选择网络回访或者现场回访，针对较为复杂的情况建议选择现场回访。

回访问卷设计一般是在上次调查问卷的基础上进行变换的。例如，可以从另外一个角度来开展调查回访，也可以将题型进行变换，但调查主题和主要内容应该和上次调查保持一致。

回访时间、地点和物料的准备工作应与被调查者进行沟通后进行确定，尽量选取较为放松的环境。对于一些较为隐私的话题，应安排一对一的面谈回访。

✍ **实践范例**

"××市 60 岁以上老年人消费现状与需求调查"回访计划

在经过问卷调查、座谈调查、走访调查、观察调查、电话调查等多种方式的调查后，对被调查者的资料进行整理分析，从每种调查方式参与的调查对象中随机抽取 10 名开展回访，总计 50 名。

回访方式根据被调查者的意愿选择网络调查或现场调查分别开展。

回访问卷选取问卷调查、座谈调查、走访调查中的部分题目组成。

回访时间为：8 月 29—30 日上午 9:00—11:00。

回访地点：社区。

工作二　开展回访

✍ **要点提示**

开展回访是回访的实施阶段，由于回访对象是第二次参加调查，本次回访的关键目的是对被调查者的信息进行再次核实和确认，能够采集到最真实准确的信息。开展回访一般包括回访说明、回访实施、回访结束环节。

回访说明是指对本次回访的目的进行介绍，让被调查者卸下心理防御，能够对调查问题作出客观的回答。注意该阶段要营造一种轻松的氛围，不要让被调查者有任何心理负担，对于第一次调查中的异常数据尽量不要过度强调。

回访实施是指对回访对象开展回访的过程，本次回访要对回访问题进行详细介绍，或者询问被调查者对调查问题的理解或疑惑，可以对某个问题进行较为深入的了解。回访实施中要注意和被调查者的交流，理解被调查者的真实意图。为了更好地开展回访实施，回访结束后，一般给予被调查者一定的费用。

回访结束环节是指调查人员对本次回访进行总结，询问被调查者是否还有其他补充内容，对被调查者表示感谢，告知被调查者可以对被调查项目进行事后的补充。

✒ 实践范例

"××市 60 岁以上老年人消费现状与需求调查"回访实施

回访说明：

××，您好！很荣幸能够再次邀请您进行回访，本次回访是从上次参加调查的人员中抽取一小部分人再次开展调查，一方面是更详细地了解老年人消费现状与需求情况，另一方面是对上次调查结果进行验证和补充。您回答问题时不需要考虑上次回答的情况，只需要根据自己真实的想法作答即可，非常感谢您的参与。

回访实施中最好能够做到面对面的交流，对每个题项能够展开较为充分的交流，对开放性的问题，最好采取一对一的方式开展。对于被调查者本次回答与上次不一致的现象，可以进一步询问原因。

回访结束后，表示感谢并给予相应的报酬。

工作三 回访资料整理

✒ 要点提示

回访资料整理是指对回访后的数据进行整理，要注意和上次调查的数据进行对比分析。如果两次调查数据较为一致，表明第一次调查数据质量较高。如果不一致，需要分析原因。

✒ 实践范例

"××市 60 岁以上老年人消费现状与需求调查"回访资料整理

一、资料审核

对 50 份回访的问卷资料开展审核，检查资料的准确性和完整性，如果有缺失值，需核查原因，并进行补充。

二、统计分析

1. 基本信息分析

对 50 名回访对象的基本信息开展统计，可以进行如下整理，如表 15-1 所示。

表 15-1　回访对象基本信息表

项目		频数（人）	频率（%）
性别	男	22	44
	女	28	56
年龄	60～70 岁	25	50
	71～80 岁	15	30
	80 岁以上	10	20

2. 单选和多选题项的整理

可以采取统计图的方式进行整理，展示被调查者不同的倾向。

3. 量表类题项的整理

对于量表类题项可以进行综合指标分析，可以计算平均数、标准差等指标，也可以对不同类型的被调查者的数值进行对比分析。

4. 开放性题项和访谈类问题的整理

对于此类题项，应将被调查的观点进行分类，可以借助词云分析工具，提取答案中高频词语进行分析。

对于访谈类问题的整理，可以进行观点的总结，剖析观点背后的原因。

三、回访调查与上次调查对比分析

将本次回访调查整理的结果和上次调查资料开展对比分析，两次调查结果一致的选项是对第一次调查的再次验证。对两次调查出现较大差异的题项，需要分析是偶然性还是普遍性，如果难以判断，可以继续扩大回访对象。对于偶然的差异，可以不必过于分析；对于普遍的差异，需要对第一次调查进行复盘，必要的时候需要进一步调查。

任务二　跟 踪 调 查

要点提示

一、跟踪调查的概念

跟踪调查是对具有某种共同特征的调查对象，在进行一次调查登记或者回访调查以后，坚持采用定期或不定期的多次随访方式，以取得有关资料的一种调查形式。

二、跟踪调查的特点

跟踪调查具有以下特点。

（1）有固定的调查对象。即被确定为调查的对象，在今后特定的调查期内，无论其社会、经济及家庭等诸方面是否发生变化，都仍然是该跟踪调查的随访对象。

（2）对调查对象需进行多次的调查登记。即对已确定为调查的对象，经一次调查登记之后，还需再进行一次或多次调查登记。

（3）调查在特定的调查期间内进行。即为了取得调查对象的动态变化资料，随访工作需在一定时期内定期或不定期地多次进行。

三、跟踪调查的程序

（1）制订跟踪调查方案。
（2）选定跟踪调查对象。
（3）开展跟踪调查。
（4）进行资料整理。

实践范例

以选题"××市60岁以上老年人消费现状与需求调查"为例，一般而言，跟踪调查需要完成以下几项工作。

工作一　制订跟踪调查方案

要点提示

跟踪调查方案是根据调查目的的要求，对跟踪调查进行规划安排的一种方案，包括跟踪调查的目的、调查对象、调查项目、调查时间安排等内容。

跟踪调查目的是要说明本次调查收集的信息资料的用途，以及为做什么决策提供支撑。

跟踪调查对象是跟踪调查的被调查者，从中抽取的样本代表需要能够完成跟踪调查的各项调查任务。

跟踪调查项目是指跟踪调查的具体内容，即调查表中涉及的主要项目。

调查时间安排是指对跟踪调查的各项时间点进行统筹规划，既包括被调查者参与调查的时间，也包括调查员完成各项调查工作的时间。

实践范例

"××市60岁以上老年人消费现状与需求"跟踪调查方案

一、跟踪调查目的

本次跟踪调查是在前次调查的基础上开展的，为了能够进一步了解××市60岁以上老年人消费的现状与需求，开展长达2年的跟踪调查，深入了解老年人更为真实的消费情况及需求的变动，为更好地推出相应产品提供需求信息。

二、跟踪调查对象

拟从前次调查中抽取 100 名被调查者作为本次的跟踪调查对象，将总体按照年龄、收入两个特征来选取不同的跟踪调查对象。具体分析如表 15-2 所示。

表 15-2 跟踪调查对象的具体分析   单位：人

年龄	收入			
	高	中	低	合计
60～70 岁	10	20	10	40
71～80 岁	8	20	8	36
80 岁以上	6	12	6	24
合计	24	52	24	

三、跟踪调查项目

根据调查目的，设定以下调查项目。

（1）日常消费数额以及各项支出占比。

（2）养老、医疗、保健、娱乐等方面消费情况。

（3）各种消费中遇到的问题。

（4）老年人消费对产品的需求情况。

（5）对老年人消费市场的建议。

四、跟踪调查程序及时间安排

跟踪调查时长为 2 年，为跟踪调查对象发放统一的调查表，要求每个月登记一次消费基本情况，每个季度反馈一次养老、医疗、保健、娱乐等方面消费情况及遇到的问题，每半年开展一次访谈。

五、预算及其他安排

为保障跟踪调查的质量，给予每名调查对象相应的报酬，完成每项调查后即可领取。

工作二 选定跟踪调查对象

✍ 要点提示

跟踪调查对象需要定期填写相关调查表，对调查主题的相关项目定时报送信息。跟踪调查对象作为选中的样本，需具有代表性，能够较好地反映总体特征。因此，选定恰当的跟踪调查对象十分重要。为了保障调查效果，一般情况下，跟踪调查对象需要满足以下条件。

（1）跟踪调查对象要具有代表性。要选取不同类型的跟踪调查对象，根据调查目的的需要，可以首先将总体分层，然后选取具有代表性的跟踪调查对象。

（2）跟踪调查对象需要具有较强的调查意愿，能够分配一定的时间精力来参与调查。跟踪调查是一项连续开展的较长时间的调查，需要调查对象既有主观意愿也有客观的时间和精力作为保障。

（3）跟踪调查对象需要具备一定的调查知识，能够独立完成相应的调查表，掌握填写调查表的规范要求，能够准时报送资料。

✍ 实践范例

"××市60岁以上老年人消费现状与需求"跟踪调查对象选定

根据调查方案中跟踪调查对象的分配表，从第一次参与调查的对象中选取相应的对象，经过与被选中对象沟通后进行筛选，依据跟踪调查对象需要满足的三个条件进行选定。跟踪调查对象需要签署相应的协议，确保了解整个调查过程，并承诺能够如实、准时上报相关信息，并可以获得相应的报酬。

工作三　实施跟踪调查

✍ 要点提示

跟踪调查工作开展是对跟踪调查对象进行信息收集的过程，开展过程中需要按照跟踪调查方案中的时间安排定时进行信息的收集，可以采取跟踪调查对象上报或者调查员上门收集的方法开展。

跟踪调查工作开展过程中，要遵循收集信息的准确性、及时性和完整性为原则。与跟踪调查对象保持畅通的沟通，解决存在的疑问，要提醒跟踪调查对象注意客观性，不必因为参与调查改变自己的行为。

✍ 实践范例

"××市60岁以上老年人消费现状与需求"跟踪调查过程

（1）对选定的100名跟踪调查对象进行分组，可以依据抽样表中的年龄和收入分成不同的小组，例如：60～70岁收入高的10人为一组。为每个组分配一名专门的调查员，调查员负责开展本组的跟踪调查，具体工作包括下发调查表、收取调查表、开展访谈，日常问题的沟通等。

（2）跟踪调查工作开始后，每个调查员需要根据时间安排下发调查表，说明填写规则，并在规定的时间内进行收取。根据调查方案中的安排，每半年可以组织一次面对面的小组访谈，深入了解本组调查对象的消费现状和需求。

工作四　整理跟踪调查资料

✍ 要点提示

跟踪调查资料整理和其他调查类型的资料整理基本是一致的，不再重复赘述。需要注意的是，跟踪调查资料整理要关注时间上的对比分析，对每月、每季度或者半年收集的数据要进行比对，分析跟踪调查对象随着时间推移的一些消费行为变动情况。

📝 **实践范例**

"××市 60 岁以上老年人消费现状与需求"跟踪调查资料整理要点

一、日常消费资料整理要点

对每月的消费情况可以进行分组整理，计算每个调查小组的均值、标准差等信息，用统计图、统计表进行显示说明。此外，需要对每月的数据编制时间序列，计算相应的增减量、增长率等指标，用以衡量跟踪调查对象日常消费随时间变动的情况。

二、养老、医疗、保健、娱乐等方面消费整理要点

该项调查资料调查周期为每个季度，属于较高的消费支出，对每个季度收集的数据计算相应的均值、标准差等指标，将全年四个季度的数据进行对比分析，测量老年人在一年当中大项消费的周期变动情况。

三、访谈资料整理要点

本次跟踪调查每半年开展一次访谈，每次访谈需要整理相应的访谈报告，总结出每次访谈中被调查者的主要观点，对本次为期 2 年的跟踪调查开展的 4 次访谈进行对比分析，分析访谈者的观点有无较大的变化。跟踪调查结束后，根据 2 年期间开展的 4 次访谈整理最终的访谈报告。

总结与复盘

本项目完成了社会调查回访调查和跟踪调查两项任务。回访调查是对调查工作的补充和验证；跟踪调查是一种长期调查，主要反映被调查对象较长时间在调查项目上的变化动态。

实践小组可以对前期调查项目开展回访调查，对回访调查中各项工作完成情况进行评价，总结自己需要提升和改进的方面。对于跟踪调查，由于调查时间较长，实践小组可以形成跟踪调查方案，评价跟踪调查的意义。

即 测 即 练

自学自测　　扫描此码

附　件

参 考 文 献

[1]　江立华，水延凯. 社会调查教程精编本[M]. 北京：中国人民大学出版社，2020.

[2]　何星亮. 调查研究的类型与方法[J]. 人民论坛，2023(11): 12-18.

[3]　刘志新. 百年党史关键词[M]. 北京：人民日报出版社，2021.

[4]　地大未来技术学院. 未来技术学院组织开展 2023 年暑期社会调查与实习实践动员会[EB/OL]. (2023-06-12) [2024-04-01]. https://sft.cug.edu.cn/info/1044/2411.htm.

教师服务

感谢您选用清华大学出版社的教材！为了更好地服务教学，我们为授课教师提供本书的教学辅助资源，以及本学科重点教材信息。请您扫码获取。

» 教辅获取

本书教辅资源，授课教师扫码获取

» 样书赠送

企业管理类重点教材，教师扫码获取样书

 清华大学出版社

E-mail: tupfuwu@163.com
电话：010-83470332 / 83470142
地址：北京市海淀区双清路学研大厦 B 座 509

网址：https://www.tup.com.cn/
传真：8610-83470107
邮编：100084